ちくま新書

日本の民俗宗教

松尾恒一
Matsuo Koichi

JN259289

1450

日本の民俗宗教【目次】

はじめに

†私と民俗宗教

私は昭和三八（一九六三）年、東京の品川に生まれた。両親はいずれも地方の出身で、高校卒業後、集団就職により東京に出てきた。そこで二人は結婚し、私は戸越《とごし》銀座の医院で生まれたので、いわゆる生粋の江戸っ子ではまったくない。

小学二年まで品川の戸越銀座に隣あう大崎で育ったが、町には自分の氏子区域の居木《いるぎ》神社のほかにも貴船《きふね》神社など複数の神社があり、それぞれ神社境内での夏の盆踊り、神輿《みこし》と山車《だし》が町内をめぐる秋の祭礼が行われていた。氏子区域外の神社でも、家の外から山車の太鼓や囃子《はやし》の音色が聞こえてくると、いてもたってもいられずに飛び出していって山車にのぼり、太鼓を叩いたことをよく覚えている。

その後、一家は私が小学校三年のときに八王子に転居した。約半世紀前であるが、現在のように多くの大学が建つ以前で、新興住宅地や商業地があちこちに拓け始めた頃であった。家の周囲には田畑ばかりでなく牛のいる牧場まで広がっていた。

生まれ育った東京の、激しい音が鳴り響く町工場。私は小学校の帰り道、工場の火花の飛び散る溶接の作業の様子を見たり、鉄屑を拾ったりするのが楽しみであった。八王子は、漬物やコロッケの揚げた匂いの漂う町とは、まるで別世界であった。野や森、水田での昆虫採集や山の中の秘密基地づくり、川遊びに興じたのは楽しい想い出である。

ただ、私たち家族が住んだのは山を拓いた新興住宅地で、神社も寺もなかったため、夏の祭礼も秋の盆踊りもないことだけが寂しかった。

†葬式仏教と先祖供養

母は新潟県の上越地方、中頸城《なかくびき》郡中郷村（現在の上越市中郷区）の生まれで、私が小学生の頃までは、夏休み、盆の時期に母と一緒に帰省した。

山に囲まれた村には水田と畑が広がり、清流が走り、八王子よりもさらに豊かな自然が広がっていた。その一方、化学工場が一角に建ち、住人はその煤煙や悪臭による公害に悩まされていたのを、幼い頃のことながらよく覚えている。

母は、ほぼ毎年、実家の盆にあわせて帰省し、墓参りもした。それは、私にとっては大崎でも八王子でも経験したことのない、神秘的な体験であった。

八月一三日の夜、提灯《ちょうちん》を持って寺に付属する墓地に赴くと、墓にお供えをし、蠟燭を灯す。その火を提灯の中の蠟燭に移し、家に戻ると、今度は提灯から仏壇の蠟燭に火を移す。こうして、家に先祖が帰ってきたことになる。墓で提灯に火を灯すと、そこに先祖が入り、それを家まで連れて戻るのだと、叔父は幼い私に教えてくれた。

私はそれを聞いて、提灯の中を思わず覗き込んだが、蠟燭以外には何も見えなかった。かといって叔父の説明を疑うわけでもなく、なんだか不思議な気持ちになったのをよく覚えている。また帰り道に、野原から虫の鳴き声が聞こえる中、人々が手にする提灯の揺れる朧《おぼろ》な光の美しさも私の心の中に鮮明に残っている。

正月や盆の時期には、帰省客による高速道路や飛行機・新幹線の混雑が必ず報じられるように、一年というサイクルの中で行われる信仰的な営為は、日本中で現在も続いている。

このように、なぜその時期にそうした行事を行うのか、理由を説明されずとも、日本に生まれ育った人であれば、多くの人々が感じるであろう安心感や納得感、また家族や地域において、人々と思いを共有する幸福感に支えられた慣習的な営みが、民俗的な宗教や信仰なのである。

†仏教国日本へ

檀家《だんか》－檀那《だんな》制度が敷かれ、日本人のほとんどが仏教徒となったのは、江戸時代のはじめである。地域による差はあるものの、町村の寺院は、葬式や盆の棚経《たなぎょう》、法事の折のみならず、寺の改修を名目とした布施を求めるなど、檀那寺は地域において優越的な地位を獲得するようになった。

仏教は、元々はインドの釈尊《しゃくそん》の教えに始まるが、日本の仏教は漢訳された経典による中国起源の宗教である。古代に鎮護国家を目的として朝廷主導で移入され、奈良や京都に大寺院が建立された。その後、平安時代から鎌倉・室町時代にかけて、死後の浄土への希求や、地獄への恐怖の観念が、貴族から民衆まで拡大していった。

その後、江戸幕府は日本人全員が特定宗派・寺院を檀那として所属する寺請《てらうけ》制度を敷いた。こうして仏教国日本ができあがっていったが、その背景には、ヨーロッパからのキリスト教の伝来があった。

中世末期、ヨーロッパの大航海時代、南米を征服したポルトガルやスペインは、インド・東南アジア、中国南シナ海・東シナ海を経て、極東の日本にまで到達した。海賊でもあったヨーロッパ商人とともに宣教師が上陸し、キリスト教が九州や畿内を中心に全国に広まった。

鉄砲や弾薬などの最新兵器、あるいはヨーロッパの織物やワインなどを珍重した大名たちは、キリスト教の布教に寛容であった。しかし、スペインによるフィリピン支配、南米での原住民の虐殺や占領を知った日本は、宣教師たちに中国大陸・日本列島に対する領土的野心があることを警戒し――日本支配のための軍備工作までしていた宣教師がいたことは史実である――、禁教に転じ、宣教師や日本人信徒の処刑、国外追放を行い、鎖国政策に転じたのであった。

こうして、ヨーロッパによる日本進出を阻止する政策の一環として、人々に自分がキリシタンではないことを証明させるために、寺請制度という日本独自の仏教が形成されたのである。

†世界の中の日本の民俗宗教

現在、我々が葬儀や法事を檀那寺に依頼するとき、このような歴史を考えることはまずない。しかしながら、習俗化しているこうした営みは、日本の風土や日本人の心性から自然に形成されたものではけっしてない。世界史的な動向と関わりのなかで、歴史的な変革を経て形成されたのである。

漢字経典をもとにする日本の仏教は中国を起源とする。しかしながら、日本のような仏教、寺院のあり方は、中国においては少なくとも現在、見られない。日本人には『三国志』でもお馴染みの、商売繁盛の神となった関帝《かんてい》や、航海安全の女神媽祖《まそ》などを祀る「廟《びょう》」、あるいは同族の祭祀の施設である「祠堂《しどう》」などが、中国の地域にある宗教施設としては一般的である。

廟では観音《かんのん》や弥勒《みろく》など仏教の仏・菩薩が祀られることも少なくなく、インドから伝えられた仏教と、中国の民俗的な神霊が融合した信仰を見ることができる。起源となった中国仏教の現在の様子と比べても、各地域に寺院が建ち、人々のほとんどが檀家として所属するといったありかたが、日本仏教に独自のものであることがわかる。

先に述べたように、日本に生まれ育った人であれば、多くの人々が感じるであろう安心感や納得感を共有する、生活に根差した信仰、それにともなう幸福感は、恋愛の成就や、受験の合格、会社での昇進などとは異なるものである。

氏神《うじがみ》や先祖に捧げる踊り、芝居などの娯楽をともなう四季折々の祭祀や、成長の節目を祝う儀礼。それらは、家族や地域など日々の生活をともにする人々と、一年間というサイクル、もしくは生と死という一生のサイクルとも関わる共同体の更新の中で、喜び、祝福や悲しみを共有する営みなのである。

本書では、仏教伝来以前からの神祇《じんぎ》信仰も視野に入れつつ、日本の民俗宗教について、外国との交渉も含む歴史的な変容や、生活や社会の場となる環境との関わりに注目して、信仰のあり方を考えていく。

I 仏教伝来と天皇【古代】

第一章　仏教伝来以前——天皇と稲の祭り

1　一年の始まりはいつ？

†暦の誕生

「一年の始まりはいつだろうか？」と問いかければ、多くの人は正月とか一月と迷うことなく答えるだろう。

地球が三六五、三六六日をかけて太陽を一周するといった、地動説の知識は古代にはもちろんなかった。しかしながら日本人は、春夏秋冬を繰り返して月日がめぐることを、農耕の必要性からも明確に認識していた。今日がいつなのかを確認するために、我々には暦や、日にち単位で予定が書き込める手帳が不可欠である。現代ではパソコンやスマートフォンを使う人も多くなったが、月日を基本的な単位とすることは変わらない。

先史時代、日本には文字がなかった。現在、日本人が用いる漢字は、中国から移入したものである。その漢字から、一文字一音に対応するひらがな、カタカナも作られた。漢字には、本来の中国語音に基づく音読みがあるが、これを日本語の意味にあわせて日本語で読むという工夫を試みたのだった。すなわち文法も読み方も異なる外国語を日本語で読むという、現代では考えられないような努力と無理を重ね、日本語の意味に相当する訓読みを発明した。その結果、いくつもの読み方が生まれることとなった。

例えば、「悪」には、「悪役」のように「アク」と読む場合と、「嫌悪」のように「オ」と読む場合とがある。前者に対応する訓読みが「わるい」、後者に対応する読み方が「にくむ」というように、一文字で音読み、訓読み、いくつもの読み方ができた。その結果、日本において漢字は、文脈や文字の組み合わせにより、読み方を判断しなくてはならなくなった。漢字の習得のために、小学校以来、一〇年以上の歳月をかけて修練を積まなくてはならない苦労を背負うことになったが、多くの日本人は、感覚としては漢字を「日本の文字」として意識しているだろう。

「暦」を日本人は「こよみ」と読んだ。「こよみ」の意味を考えるために、あえて分割すると、「こ－よみ」と分けられる。「こ」は、「二日《ふつか》」「三日《みっか》」「四日《よっか》」「五日《いつか》」などの「か」

に対応する音で、日にちを意味する。「よみ」は「読む」ことである。すなわち「こよみ」は、「日にちを判断する」という意味であることがわかる。

日本には、現代の新暦に対して、江戸時代まで使われていた旧暦があった。新暦は西洋暦ともいうようにヨーロッパの暦を採用したものである。西洋暦は「太陽暦」ともいい、太陽の運行に基づいている。これに対して、旧暦は陰暦ともいわれる。「陰」とは月のことで、月の満ち欠けにより日にちを判断した暦なのである。

ひと月のはじまりの第一日目「一日」は「朔日」とも書き、「ついたち」と読む。ついたちとは「月立《つき》ち」のことで、月が二九日周期で満ち欠けを繰り返す、その第一日目を意味する日本語の表現なのである。

平安時代の『古今集』をはじめ、日本の詩歌には「月」を詠んだ歌が多い。「春の月」「秋の月」「冬の月」、日本人は、それぞれの季節の月に、それぞれの時節の美しさを見出し、心情を託してきた。その根底には、生活の必要から日々の月の満ち欠けを見て過ごしてきた、日本人の暮らしがあったのである。

かつては中国より移入した陰暦を用いていたが、太陽の運行に基づく暦も併用していた。これも中国より移入したもので、「二十四節気《せっき》」と呼ばれる。特に「立春《りっしゅん》」「夏至《げし》」「立《りっ》秋《しゅう》」「冬至《とうじ》」など四季の目安となる節気は、天気予報などで必ずといっていいほど案内される。ちなみに「二十四節気」は、二〇一六年に中国の世界遺産としてユネスコに登録されたが、日本人にとっても、季節の目安を知るために、現代でもなじみ深い暦なのである。

†年の始まりはいつ？

では、一年の始まりは、地球が太陽を一周するどの地点を区切り目として判断したのだろうか。

二十四節気では、立春が冬から春に季節が切り替わる日となる。立春は日照時間によって決まるが、この日の夜が節分となる。「節分」の名の通り、一年の中の重要な節目で、旧《ふる》い年と新しい年の区切り目の日となる。このほか、代表的なものに「夏至」「秋分」「冬至」などがあり、冬至は日照時間が一年で一番短い日、夏至は一年で一番長い日である。その言葉の通り、太陽（実は地球）の運行、太陽と地球の位置関係により変わる一日の日照時間が、春・夏・秋・冬の季節の区切りの重要な目安とされていたのである。

太陽の運行に基づいて定められる立春と、陰暦の正月とは一致しない。節分・立春は現在の西洋暦では二月三日頃で、元旦の約一カ月後になる。そのため、正月の翌月の二月が節分であると考えている人が多い。しかし、陰暦の正月、すなわち旧正月と節分はきわめて近い。陰暦は誤差が大きく、年によっては一月分《ひとつき》を足して調整しなくてはならない。年によっては一年が十三カ月となることもあり、加えられた月を「閏月《うるうづき》」と呼んだ。陰暦の元旦の後に、節分・立春を迎えることが通常だが、誤差のため、正月より先に立春を迎える年もあった。そうした場合には、新しい年を迎える気持ちの切り替えにもとまどいがあったようだ。その気持ちを詠んだのが、平安時代の和歌集『古今集』の次の歌である。

年のうちに　春は来にけり
一年《ひととせ》を　去年《こぞ》とや言はん　今年《ことし》とや言はん

正月を迎えていないうちに立春が来てしまった。今、このときは、すでに去年といってよいのだろうか。(元日を迎えていないが)、新年というべきなのだろうか。

歌の意味はこのようである。この歌のことわり書きには「ふるとし《旧年》に春立ちける日よめる」とある。「旧年中に立春を迎えた日に詠《よ》んだ歌」という意味で、元日を迎えていなくても、立春となることをもって新たな年のスタートとなると認識されていたのである。日本文学の研究では、『古今集』には機知に富んだ歌やユーモラスな歌が多いとしばしば説明され、この歌もその一つであると紹介されることが多い。

しかしながら、私はこの歌について、こうした日本文学批評とはかなり異なる考えを持っている。

『古今集』は平安時代、醍醐《だいご》天皇の命令によって、紀貫之《きのつらゆき》らが撰者となって編纂された、わが国最初の和歌集である。天皇の命令によって編纂される詩歌の集成を「勅撰集《ちょくせんしゅう》」というが、『古今集』以前にも勅撰集は存在する。『凌雲集《りょううんしゅう》』『文華秀麗集《ぶんかしゅうれいしゅう》』などの作品であるが、これらは漢詩集であった。

律令などの法制や『日本書紀』『続日本紀《しょくにほんぎ》』などの国史をはじめ漢詩などの文学、日々記される日誌まで、当時の知識人の記述は、中国を範として、漢文、すなわち中国語をスタンダードとして記していた。

この間、主に女性によって漢字の草書体からひらがなが発明され、女性が、日本語そのままで和歌や、日々の暮らしや人間関係を綴った日記、さらには創作の物語を書くようになっていた。漢字を「男手《おとこで》」というのに対して、かなを「女手《おんなで》」というのはこのことからで、当初、男性がかなを堂々と使うことは憚《はばか》られた。日本で初めてのかなによる日記は紀貫之の『土佐日記』(九三五〔承平五〕年頃)であるが、その冒頭は次のようである。

をとこもすなる日記といふものを、をむなもしてみむとてするなり。

（男性は日々のできごとを記す「日記」というものを書いているが、女である私もしてみようと思い立って書き始めるのです。）

これは漢字ではなく、かなによって記すことをことわる書き出しなのである。男性が漢文で記す日記は、第一に公務について記録する日誌であったが、すぐれた歌人でもあった貫之は、かなを使い女性の立場で記すことにより、より細やかに土佐から京都への旅の心情をつづったのであった。

その後、実際に藤原道綱母《ふじわらのみちつなのはは》による『蜻蛉日記《かげろう》』（九七五〔天延三〕年頃）のように、男性への思いや、他の女性に対する嫉妬の心情などを書きつづった女性による作品が登場する。また、色好みの在原業平《ありわらのなりひら》を主人公とする『伊勢物語』、さらに光源氏を主人公とする紫式部による壮大なスケールの『源氏物語』、清少納言の随筆『枕草子』まで、かな文学の隆盛、女性作家の活躍が花開く王朝文学の時代を迎えるのである。

ひらがなを使用することで、日本人は日本語によって、より細やかに心情を表現することが可能となり、文《ふみ》に恋の歌をしたためて、男女が贈答する習俗も貴族社会に広がった。こうした潮流の中で、醍醐天皇が漢詩集ではなく和歌集の編纂を命じたのであった。これは単に時流に乗ったのではなく、知識・文化のスタンダードの軸足を唐の中華文化より、日本に移すという、天皇の強い決意であった。

『古今集』の成立は九〇五（延喜五）年。この約一〇年前に、菅原道真《みちざね》の建議により、航海に多大な危険が伴う遣唐使の中止が決定されている（八九四年）。平安遷都から一世紀が経過し、律令体制が確立し、唐の影響を脱しようとしていたのである。貴族女性の十二単《ひとえ》のファッションもこの頃誕生しており、文学以外にも独自の日本文化を創造し始めていたことがわかる。

このような観点からこの『古今集』の一番歌を考えると、機知やユーモアといった以上の重い意味があったものと推察される。

いつが一年の始まりかを知ることは、種まき、田植えなどの農耕のタイミングの目安として非常に重要であった。また時間を共有することで、人々の会合や共同作業が可能となる。時間の共有は、より大きな集団が社会的、組織的な営みを行う共同体となるために不可欠であった。このように、国家が共同体としてまとまるために時間を定め、管理することは、王にのみ許される特別な権利だったのである。

このように考えると、日本が当時使用した太陰暦、太陽暦（二十四節気）、両者の時間のスケールを日本が使うことを、一年の始まりのときに詠み込んだこの歌は、天皇が、国家の頂点として統治することを宣言した歌として、日本最初の勅撰和歌集の一番歌にまさにふさわしい歌であるといえるのである。

2　国家儀礼としての稲の祭り

†稲作により認識していた一年の周期

時間の単位となる漢字「年」は、上の部分は「ノ木《のぎ》」偏ともなる「禾」と、音を示す下の「千」によって構成される。「禾」を含む漢字には「稲」「種」「稗」「穂」など、穀物に関係する文字が多い。

一方、日本では「年」を「とし」と訓読した。「ネン」と音読みしても、「とし」と訓読しても、約三六五日で繰り返す時間の長さを意味するが、「とし」には、現代では用いられなくなったもう一つの意味があった。

古語辞典を引くとただちにわかるが、「とし」はまた「稲の稔《みの》り」を意味した。

稲は、地域や、早稲《わせ》や晩稲《おくて》などの品種によって田植えや、収穫の時期は異なるが、三、四月に苗床《なえどこ》や苗代《なわしろ》に種まきをして苗を作り、五月前後に田植えをする。そして九月頃に収穫をするのがおおよその目安である。麦も重要な穀物であったが、春麦と秋麦のように、一年に二回植えて収穫できる。これに対して、沖縄のような亜熱帯の地域を除いて、稲は一年に一回のみの作付《さくづ》け、収穫が標準であった。

米は、粟《あわ》・稗《ひえ》など他の穀物に比べて「おいしい」ことが珍重された理由である。何がおいしいかは、現代人にとっては人それぞれの主観に属する事柄である。しかしながら、砂糖のない時代には「甘い」ことが、「おいしい」こととほとんど同義であった。ご飯をよく噛むとだんだん甘くなってくる。これは、米に糖質に変化しやすい澱粉《でんぷん》質が多く含まれていることによる。人間のエネルギー源として、カロリーの高い糖質は非常に重要であった。

ご飯としてふだん日本人が食している米は「うるち米」である。これに対して「もち米」は、お餅や赤飯、おこわなどに使われる米である。うるち米が半透明なのに比べて、もち米は白く不透明で見た目もはっきりと異なる。

稲作の起源は、中国長江流域の湖南《こなん》省周辺地域で、考古学の知見では、約一万年前に始まったとする説が有力である。その稲が紀元前一〇世紀には日本に伝来し、縄文時代には稲作が開始されていた。これに続く弥生時代に、本格的な水田稲作の時代に入っていく。青森県の砂沢《すなざわ》遺跡からは水田遺構が発見されており、弥生時代の前期には、稲作は寒冷な東北地方を含む、九州から本州全土に伝播《でんぱ》していたと考えられている。

ほとんどの作物は、同じ土地に植え続けていると、地力が衰え、やがて稔《みの》らなくなる連作障害にみまわれる。稲も同様で、陸稲《りくとう》として畑にじかに植える限りでは、多くの畑作物と同様に、作り続けることができない。しかしながら、水田で耕作すれば連作障害は起こらず、半永久的に同じ土地で耕作し続けられるようになったのである。

こう説明すると、よいことばかりのようだが、水田には、水を常時湛《たた》えるために地面を水平に均《なら》し、水が漏れないように保水する灌漑《かんがい》施設と、大量の水が必要である。そのために、山から水路を引いて水田に水を引く土地開発や溜池《ためいけ》作り、またモグラの穴などから水漏れしないようにするための畔《あぜ》塗りなどのメンテナンスも常時行う必要があり、始めるにも大規模な土木工事をともなう。他の作物も同様だが、日照りによる渇水《かっすい》や洪水、稲を倒す嵐も大敵で、また虫害にも備えなくてはならなかった。

弥生時代の銅鐸《どうたく》には、月でのウサギの餅つきのような、立杵《たてぎね》による餅搗《もちつ》きの光景や、大量の収穫米を蓄えたと考えられる高倉《たかくら》が描かれている（図1）。同時期の銅鐸には、弓矢を使った猪や鹿の狩猟の様子も見ることができる。

稲作によって人々は、狩猟・採集のように、獲物を求めて移動する必要がなくなった。定住が進み、大規模集落が出現し、クニへと発展する土台が形成されたのである。

弥生時代は、紀元前一〇世紀頃から紀元後三世紀中頃まで長く続いた。その後、各地を王が統治する古墳時代となり、大和朝廷につながる「倭国《わこく》」が誕生した。

つまり倭国の誕生までに一〇〇〇年以上も稲作を経験していたことになる。それから一〇〇〜二〇〇年が経過して、五世紀以降に日本に漢字が伝来し、日本人は「年」を、一年の時間の長さの意にも、稲の稔りの意味にもこの字を理解して「とし」と訓《よ》んだのであった。稲は、基本的に春に種まきをして、秋に収穫する。この周期によって、「一年」という時間を理解するようになっていたのである。

図1　伝香川県銅鐸、弥生中期（東京国立博物館蔵）

すでに述べたように、日本は、中国から移入した太陰暦を基本として、太陽暦である二十四節気も併用した。太陰暦の正月と、二十四節気の立春（節分）とは、約一カ月の差で、年によっては立春が先に来ることもある。しかしながら、どちらにしても稲の収穫と次の種まきの間に、年の始まりが認識されていたのである。

†沖縄の稲作行事

沖縄本島より四〇〇キロほど西南にある八重山《やえやま》地方の石垣島や西表島《いりおもて》には「節祭《しち》」と呼ばれる行事が伝えられている。亜熱帯の八重山地方の稲作の開始は早く、現在の一月には田植えが行われる。そして六月にその年初めての刈り取りの「初穂祝《はつほ》い」が行われ、初収穫が、村落の神を祀る御嶽《うたき》に捧げられる。この翌月の七月には刈り取りが終わり、収穫を祝う「豊年祝《プーリーよ》い」が催される。

そして、その約二、三カ月後に節祭が行われるのである。西表島の節祭では、その年の豊作への感謝を表すとともに、新しい年の豊作を約束する「ミリク（弥勒）」が船に乗り、海上より浜に登場する。ミリクは稲穂・粟穂《あわほ》・芋《サツマイモ》など、五穀の入った籠を捧げる女性たちを率いて、浜を練り歩く（図2）。

一方、鹿児島と沖縄本島のほぼ中間に位置する奄美大島《あまみ》には「アラセツ」と呼ばれる行事が伝えられている。海に面した龍郷町《たつごう》秋名《あきな》の集落で稲の収穫後、旧暦八月最初の丙《ひのえ》の日に行われる。そのなかの「平瀬《ひらせ》マンカイ」と呼ばれる行事は、海の彼方にあると信じられてきた異郷「ネリヤカナヤ」の神々へ捧げる感謝と祈りである（図3）。

海浜の二つの岩の上に、村の女性司祭役である「祝女《ノロ》」を中心として、それぞれ五人前後の男女が登り、太鼓を打ち鳴らして歌を歌う。歌謡では、稲を「稲《にい》がなし」と呼ぶ。「がなし」とは、「…様」に相当する琉球地域の言葉である。「稲がなし」とは「お稲様」と稲を尊ぶ呼称なのである。

図２（上）　ミリクは稲穂・粟穂など、五穀の入った籠を捧げる従者を率いて、浜を練り歩く。（著者撮影）
図３（下）　奄美大島のアラセツ（新節）、平瀬マンカイ（撮影：西田テル子）

海からは稲の魂「稲霊《にゃあだま》」を招いて五穀豊穣に感謝し、翌年の豊作を祈願する。歌の一節には、「西東ぬ稲霊《いなだま》、招き寄《ゆ》せろ」とある。「稲霊」と表現されているように、稲には霊力が宿っているものと信仰されてきたことがわかる。稲霊を、海の彼方のネリヤカナヤから招きよせ、翌年の豊作を祈願するのである。

西表島の「節祭」の発音は、正月の「お節料理」の「節《せち》」の音に通じ、集落の人々に意味を尋ねると、節祭は「農民の正月」であると説明される。一方、奄美大島の「アラセツ」とは「新節」のことで、やはり新しい年を意味している。節祭もアラセツも、いずれもが、稲の収穫と次の種まきの間に日取りがとられ、正月として認識されてきたことがわかる。

太陰暦や太陽暦など、高度な天体観測の行われていなかった時代、むしろ稲の収穫と次の種まきの間が、年の区切りとして認識されていたのである。

†家で家族と過ごす大晦日

3　門松は何のため？——収穫祭と正月の始まり

現代の正月は、山や海へ初日の出を拝みに行くのでなければ、あるいは、寺に年越しの鐘をつきに行くのでなければ、家で大晦日を過ごし、年を越す。「紅白歌合戦」などのテレビ番組を家族で見て、年越しそばをいただいたりする。「ゆく年くる年」では、各地の越年の様子が放映される。そうして年を越し、元旦を迎えるのが、現代の全国の多くの家でみられる標準的な過ごし方である。また、この日には、都会で働く子や孫の多くが実家に帰省する。毎年のことながら、年末・年始の高速道路の混雑状況や、新幹線の乗車率などが報道される。

正月に先立って、餅つきが家や町村で行われることも珍しくないが、これは鏡餅や正月に食する餅を作るためである。田畑をしない家の方が多くなった現在、高層住宅に住む人、一軒家でも庭のない家の多い都会では、餅つきを行わない家庭の方が多い。しかしながら、店には鏡餅や、焼いたり雑煮にしたりして食するための切り餅が、門に飾るしめ飾りなどとともに数多く並び、年末のおなじみの光景となる。

鏡餅は「お供え餅」、あるいは単に「お供え」ともいい、神棚《かみだな》や、神棚のない家では玄関内に置かれたりする。この餅はその名の通り、神さまに捧げるための食物なのである。

お節料理は重箱に美しく盛られることが多く、だて巻き・かまぼこ・黒豆・数の子やきんとんなど、地域や時代によっても大きく異なる。しかしながら、供えのための円鏡形の供え餅や正月七日の七草粥《ななくさがゆ》などは、ほぼ全国にわたって見られ、正月が稲、米と深く関わる行事であることを示している。

前節では「年」が穀物、特に稲と関わる言葉であると述べた。ちなみに、単に餅といえば、日本では餅米をついた粘り気のある「モチ」を指すことが多い。一方、中国では、十五夜などに食される「月餅《げっぺい》」がそうであるように、小麦粉をこねてかためたものや、現代のクッキーやパンまでもが「餅」の範疇に入る。

中国の正月は現在も旧暦で行われ、「春節《しゅんせつ》」と呼ばれるのが一般的になった。春節の重要な区切りは満月となる十五日で「元宵節《げんしょうせつ》」と呼ばれるが、満月をイメージした日本の白玉粉に大きさも形も味も近い団子を食する。これは「湯円《タンエン》」と呼ばれ、「餅」の語・文字では表現されない。「餅」を「モチ」と読んで、特に米をついた粘りのある食物を強くイメージするようになったのは、日本独自の習俗と結びついた日本的な表現なのである。では、こうした、年の替わり目に稲や米を神に捧げ、家族が家で過ごすような行事はいつ頃から始まったのであろうか。

†旅をして訪れる先祖の神

それを考える上で注目したいのは、『常陸国風土記《ひたちのくにふどき》』に記された次の神話である。粟《あわ》の収穫祭にまつわる言い伝えだが、収穫祭の日に先祖の神が訪れた際の、子孫の神たちの対応について語られている。

物語の最初に登場するのは先祖の神さまで、子孫の神々のもとを、旅をしてめぐり訪ねていることがまず語られる。ここにはじめに登場する子孫は富士山の神で、先祖の神が訪れたその日は、ちょうど粟《あわ》の新嘗祭《にいなめさい》の日であった。富士山の神は、先祖の神に丁重にお断りをした。

今日は今年初めての稲の収穫を祝う新嘗祭なので、家の中に籠って「物忌み《ものいみ》」して過ごさなくてはなりません。このような事情ですので、今日はお泊めすることはどうか許してください。

富士の神は、このように説明したが、先祖の神は、これに怒り、呪いの言葉を投げかけた。

先祖の神である自分を、どうして泊めないということがあろうか。これからは、富士山には冬はもちろん、夏にも雪が降り、霜が降りるようになり、登ってくる人々もいなくなるだろう。そうして、食べ物をお供えしてくれる人もなく、ひと気もない、さびしい山になるだろう。

こうして、先祖の神は立ち去り、旅を続けたのであった。次に辿り着いたのは、筑波山《つくば》であったが、その日はやはり新嘗祭の日であった。しかしながら、筑波の神は富士山の神とは対照的に、次のように答えた。

今夜は新嘗祭なのですが、先祖の神をお泊めしないということがありましょうか。

このように言い、快く先祖の神を迎え、食事を差し上げ、繰り返し拝礼して丁寧にもてなしたのだった。

先祖の神はこれに喜び、祝福の歌を送った。

立派な宮に住む筑波の神よ。筑波の山には、大勢の人々が登り、食事もお酒も捧げてくれるだろう。そうして、人々とともに楽しむ月日が、永遠に続くことであろう。

こうして、富士の山は先祖の神に呪われ、冷えて凍えた山となって人々が登らず、筑波の山は祝福を受け、大勢の人々が供えを捧げ、人々は歌い舞い、楽しみに満ちた山となったのであった。

†正月に訪れる先祖の神

この『常陸国風土記』の新嘗祭の様子は、現在の、我々の正月の迎え方を考える上でもたいへん示唆に富む神話である。

富士の神も筑波の神も、いずれも「家」（神社）を場所として、「物忌み」をするのが新嘗祭の内容であった。また、先祖の神が富士山に到着したときは日暮れ過ぎ、筑波山では「今夜は新嘗祭である」と明確に述べており、祭りが夜に行われるものであったこともわかる。

「物忌み」とは精進潔斎《しょうじんけっさい》をすることで、一言でいえば、身体を閉鎖的な空間に置いて、神を迎え祈願するために心身ともに浄らかにして過ごすことである。その内容は時代や地域、宗教によって異なるが、水や湯で身を浄め、火を通じて穢《けが》れが移ったりすることのないよう調理の火を家族と別にして、自分自身で火を起こして食事を作る。また、肉食をしない、夫婦の関係を持たないようにすることなども一般的である。

大晦日の越年の過ごし方、正月の迎え方について先に見たが、そこで夜に家族とともに外を出歩くことなく家で過ごし食事をする様子ときわめて近いといえるだろう。

正月を迎えるにあたり、家では年末に大掃除をする。大晦日には「一年の垢を落とす」ために入浴する習慣もある。現在は各家庭に風呂が普及したため町の銭湯は少なくなったが、それでも大晦日には夜遅くまで営業する店が多い。

現代では毎日どころか、日に数度シャワーを浴びる日本人も珍しくない。しかしながら、全身が浸かることができる大きさの鉄釜を作る技術は、鎌倉時代以降のものであった。それ以前の古代には、鍋程度の鉄釜で沸かした湯の蒸気を浴室に送り、湯で身体を洗う、現代の蒸し風呂に相当する風呂が一般的であった。

湯を沸かす手間や、燃料として多くの薪《たきぎ》を要することもあり、平安時代から鎌倉時代の貴族の入浴頻度は一〇日に一度、月三回が標準で、その日は家族がともに食事をし、歓談して過ごす特別な日であった。入浴に親戚や知人を招くことも多く、招かれると燃料とする薪をみやげにするのが常であった。

海外を旅行すると、国や地域にもよるが、シャワーがあってもバスタブのないホテルの方がはるかに多い。また、飲み水や煮炊きに必要な量以上の水を確保することは、生活・自然環境の上から現代でも容易ではなく、身体が完全に浸かる現在の日本の入浴は、世界的にみても特別な習慣であることがわかる。日本の日常的な入浴は、早くても江戸時代後期以降のきわめて新しい習俗なのである。そうしたことから考えると大晦日の入浴は、正月を迎える準備として特別な意味をもつものだった。

多くの家では、正月のために門や玄関に松を飾ったり、注連縄《しめなわ》を掛けたりする。供え餅を神棚や玄関内に供えたりするのは神さまに捧げるためだが、松や注連縄をかけるのは神さまを迎えるためである。神さまは外から家を訪れる存在として信仰されてきたのだ。

このようにみてくると、正月前の大掃除は神を迎える聖域とするために家を浄らかにする、信仰に基づく習慣であることがわかる。また、大晦日の入浴が、物忌みの一環として身体を浄めるためのもので、一年の垢を落とすという一年の締めくくりよりも、新しい年の神を迎えてもてなすという、新たな年のための習俗である。

『常陸国風土記』の新嘗祭では、家で夜、物忌みして過ごす。筑波の神は先祖の神を迎え、食事を差し上げてもてなすが、それは現代の正月が、掃除をすませ松を飾った家に神を迎え、食事をして夜を過ごすあり方と照応している。

餅を供えて食する正月が稲の祭りであることはすぐに気づく。大掃除や大晦日の入浴、門松を飾ることなどは習慣となっており、多くの人はその意味を意識することはないが、神話に伝えられるような、物忌みを主とする家での収穫の祭りのあり方にきわめて近いものといえるのである。

家屋や食生活が大きく変わり、日本人の仕事のなかで田畑の割合が低くなった現代でも、新年の迎え方には、神話時代以来の収穫の祭りのあり方、考え方、信仰が伝えられているのである。

†福の神と厄病神は同時にやってくる?

西欧の太陽暦が導入された現在、家や幼稚園、神社・寺院で鬼追いをする節分は二月に行われる。多くの地域で行われているのは、「鬼は外、福は内」の掛け声とともに、炒った大豆を撒《ま》く行事である。外に追い出される鬼は、病気や不幸などの災いをもたらす存在と考えられ、これを追い祓うことにより、その年の健康、幸福を祈願する。

ところで、先に述べたように、太陰暦において、正月と節分・立春とは現在より近く、いずれも一年の始まりとして認識されていた。

現在の鬼追いの起源となったのは、古代に宮中で一二月晦日《みそか》に行われた「追儺《ついな》」と呼ばれる行事である。「儺《な》」とは鬼のことで、鬼が内裏《だいり》の内側に入らないよう、「方相氏《ほうそうし》」と呼ばれる役が四つ目で角のある恐ろしい面を被り、楯《たて》と矛《ほこ》を持って大声を発して追い祓う行事であった。「方相氏」の「方」とは方角・方位のこと。「相」とは見る、管理するという意味で（現代の「手相」の「相」はこの意味である）、方位と時間を管理する宮中の陰陽師《おんみょうじ》がこの役についた。

その様子を『政事要略』の追儺の絵画（図4）に見ることができる。鬼は「疫鬼《えきき》」と書かれ、疫病をもたらす恐ろしい存在であると認識されていた。実際には目に見えないが、古代におけるイメージが明確にうかがわれ、現在の「鬼」にきわめて近い存在として認識されていたことがわかる。

図4 『政事要略』「方相氏と疫鬼」

この追儺は年中行事として一二月に行われていたが、平安時代の間にその方法が大きく変化した。恐ろしい四つ目の面をつけて鬼を追い祓う側の方相氏の方が鬼だと認識されるようになり、人々がこの面をつけた役を鬼として追い祓う行事になった。こうして追儺が現在行われているようなかたちになったのは室町時代で、節分の鬼追い行事として民間にも広まっていったのである。

宮中では、追儺を滞りなく執行するための責任者として奉行《ぶぎょう》が置かれ、万全な準備のもとに行われた。ある年に風邪が大流行したことがあった。そのときに、前年の年末に追儺が遺漏《いろう》なく行われたのかが大きな問題となった。そこで担当者が呼び出され、責任を追及されたりもしている。古代の追儺は季節の風物詩的な年中行事ではなく、流行病を防ぐための予防医学に相当する目的を持つ重要な儀礼だったのである。

『常陸国風土記』において、筑波の神により新嘗祭に迎えられた先祖の神は、御礼として筑波の神に祝福の言葉を贈っている。同様に、現代の正月に迎えられる神は、新たな年に、その年の稲をはじめとする五穀の豊作を約束し、家に幸せをもたらす福の神＝「年神《としがみ》」である。現代では、年神とは、それがやって来る恵方《えほう》が年によって変わる「歳徳神《としとくじん》」であるとしばしば説明される。これは後世、陰陽道《おんみょうどう》の解釈によって広まった説明で、本来は、より素朴で明快に年＝稲の神であったと信仰されていたのである。

このように、年の替わり目には、新たな年の幸福をもたらしてくれる福の神と、不幸や病気などの災いをもたらす鬼の姿でイメージされる神の両方が同時にやって来ると考えられていた。

先に沖縄の年替わりの意義をも有する稲作行事として、西表島《いりおもてじま》の「節祭《しち》」についてみた。その第一日目、元日にあたる「正日《しょうにち》」には、海上より稲穂・粟穂《あわほ》など五穀《ごこく》を捧げ持った行列を従えてミリク（弥勒）が登場する。

実はこの前日の夜、大晦日を意味する「年ぬ夜《とうしゆ》」には、海岸より拾い集めてきた枝サンゴ・サンゴ礁のかけらを家の中や、家の周囲に撒く行事が各家庭で行われる。これは琉球地域で「マジムン」と呼ばれる、魑魅魍魎《ちみもうりよう》を祓い、家や集落を浄めるための行事である。そしてその翌日、年の第一日目に福の神としてミリク（弥勒）を迎える。それは、古代、大晦日に追儺を行った後、元日を迎えた宮廷の行事の進行とも一致する。

正月の門の注連縄について、先ほど、年神を迎える飾りとしてかけられるものと説明した。注連縄は、そこが神を迎え入れる聖域であることを示すが、同時に、共同体に不幸をもたらす悪い存在を内側に入れないための結界＝バリアとしての役割をもつ。一つのもので、聖域であることを標示する役割と、悪いモノが入らないようにするための結界としての役割との、二つの役割を果たす民俗的な呪物なのである。

†サンタクロースは福の神？

西洋暦と陰暦の正月の誤差は、通常一カ月前後、また、もう一つの太陽暦二十四節気の正月に相当する立春は二月三日頃なので、西洋暦とのズレはほぼ三〇日と決まっている。西洋の新しいカレンダーの導入によって日本の伝統行事に混乱が起こり、日本文化にマイナスの影響を与えたと考える知識人や評論家は多い。しかしながら、地球が太陽を一周するどの地点をスタートとするか、すなわち、いつを正月として定めるか、三〇日前後の差はむしろ小さいのではないか、というのが私の考えである。

東洋と西洋とを対置して、文化や思想・信仰を対照的に考える解説や論評は数多いが、北半球で緯度をほぼ同じくする東洋と西洋とは、ほぼ時期を同じくして春夏秋冬の四季がめぐるなかで農耕を行う世界であり、一年の始まりを同じ頃に認識していたのである。

イエス・キリストの生誕を祝うクリスマスは、その名の通り、キリスト教の宗教行事だが、サンタクロースはもともとはキリスト教とは関係ない神霊であった。ヨーロッパの民話に登場するニコラウスが、“Saint《セイント》 Nicholas《ニコラウス》”と聖人の称号を与えられ、「サンタクロース」の名が生まれたのである。

イエスの生誕の日とされる一二月二五日は、ほぼ冬至の日にあたる。冬至は、世界的にも年替わりの目安とされる日であるが、イエス・キリストの生誕日は、実は歴史的には不明である。

クリスマスの行事は、ヨーロッパの年替わりとして、冬から春にさまざまな神や精霊などが登場する民俗的な行事が基盤となったと考えられている。ヨーロッパの民話にはさまざまな妖精が登場するし、先祖の霊への信仰もある。しばしばいわれるようにキリスト教を主たる宗教として信仰するヨーロッパ地域は、けっして一神教の世界ではない。そこでは、実に多くの民俗神が信仰されているのである。

キリスト教は、ヨーロッパの村々に広まった当初、この冬至の行事を異教徒の祭りだとして禁止しようとした。しかしながら、村の人々の信仰に根差した行事に対する愛着は強く、抵抗も大きかった。そこで、イエスの生誕を祝う日として、もとはキリスト教とは関係ないニコラウスを聖人に昇格させ、宗教行事にあらためさせることで、ヨーロッパのクリスマスが形成されていったと考えられている。

ロシアでは、サンタクロースに相当する「ジェドマロース」という神霊が、一年の最終日一二月三一日の夜に、雪に覆われた村の家々をめぐる。サンタクロースが赤を基調とするのに対し、ジェドマロースは青を基調とした衣装を着て、雪の精とされる若い女性を伴ってやってくる。寒い雪の中を老人が旅をするのは辛いものと想像されるが、若い女性は、ジェドマロースの孫娘のようにも恋人のようにも見え、彼らの訪問は、二人の一年に一度の楽しい世界旅行のようにも感じられる（図5）。

ヨーロッパではほかに、クリスマスとは別に一二月六日を「聖ニコラウスの祝日」として、子供たちにプレゼントを贈るドイツやオランダなどの地域もある。

現在、赤い衣装を着て、トナカイが引くそりに乗ってやってくるサンタクロースのもっとも一般的なイメージは、一九三〇年代にコカ・コーラ社が宣伝のために考案したものに基づいており、コーラをおいしそうに飲むサンタクロースも描かれた（図6）。冬の寒い時期に、サンタが冷たいコカ・コーラをさわやかに飲む様子は現在では想像しがたいが、

図5（上）　Дедмороз（ジェドマロース）と吹雪の精霊。12月31日の夜にプレゼント。
図6（下）　1931年、コカ・コーラ社の最初のサンタクロースのデザイン（ハッドン・サンドブロム作）

このサンタのイメージが、コカ・コーラとともに各国に広まり、世界のスタンダードになったのである。

4　天皇と稲の祭り――祈年祭、新嘗祭、大嘗祭

ここまで、古代神話に伝えられた収穫祭の様子と、現代の日本人の越年、正月行事、そしてその民俗としての特質や関連を考えてきた。稲の祭祀《さいし》は国家の重要な務めとなり、古代においては宮中の行事として行われた。年の初めにその年の稔りを祈る二月の祈年祭《きねんさい》、一一月の収穫を感謝する新嘗祭《にいなめさい》がその主な祭儀である。新嘗祭は、特に天皇の即位の年には規模を大きくして大嘗祭《だいじょうさい》として行われ、天皇の存在と稲の祭祀との結びつきの強さがうかがわれる。

†祈年祭――国家統治と稲の祭り

宮中においては、年初にその稔りを祈願する「祈年祭《きねんさい》」が二月に行われた。

その内容は、『延喜式《えんぎしき》』に登録された日本全国の神々のリストである「神名帳《じんみょうちょう》」に所載される三千余座の神祇《じんぎ》に朝廷が供えとして幣帛《へいはく》を賜《たま》わる儀式である。そのために全国の

神官である「祝部《はふりべ》」が神祇官に参集した。祈年祭は律令国家体制下における国家による予祝《よしゅく》儀礼であった。つまり、朝廷が各地の稲作祭祀を主導することを通して、列島の統治を表象する儀礼なのであった。しかしながら、特に遠隔地の祝部が毎年、朝廷に参勤するのは困難で、また律令国家体制の弛緩《しかん》もあり、祈年祭は平安時代前期ごろには衰退し始めた。

こうした状況下で祈年祭に代わって、一〇世紀頃より「祈年穀奉幣《きねんこくほうべい》」が行われるようになった。その初見は、醍醐天皇の御代、九〇二（延喜二）年である。

これは、田植え前の二月と、稲が初穂をつけ始める七月の二度、朝廷が奉幣を行うもので、伊勢神宮をはじめとする畿内の「十六社」（後には「二十二社」）がその対象であった。石清水《いわしみず》・賀茂・稲荷・春日・住吉といった、古くから皇室との結びつきの強い有力大社がその中心で、祈年祭に比べて天皇の親祭《しんさい》としての側面が強かった。稲の祭祀が天皇の存立に関わる重要な儀礼であったことが知られよう。

†新嘗祭——宮中の収穫儀礼

稲の収穫後には、収穫祭たる「新嘗祭《にいなめさい》」が古代より行われてきた。

「新嘗祭」の語義は、新穀を嘗《な》める＝食する意味であるとする説と、その年のはじめに贄《にえ》

（供物）を供える意味とする説の二つがあるが、いずれも新嘗祭の目的、儀礼内容を適確に捉えている。ちなみに、中国では「嘗新節《じょうしんせつ》」と呼ばれる稲の収穫祭が行われており、「新嘗祭」の語の成立については、大陸からの稲の伝来とともに、中国との関係を考えなくてはならないだろう。

宮中では一一月の卯の日に行われたが、新穀による御饌《ごせん》・斎酒を賢所《かしこどころ》・皇霊殿《こうれいでん》、神殿《しんでん》に供え、さらに天皇が神祇官（古くは神嘉殿《しんかでん》）において、新穀による御饌・斎酒を神とともに食することを主行事とした。

前日には、天皇・皇后・皇太子の御躰を祈禱して、健康・長寿を祈る「鎮魂祭《ちんこんさい》」が行われた。この鎮魂祭は、宮中の「猿女《さるめ》」と呼ばれる巫女《みこ》によって行われた。その内容については後述する。

新嘗祭の翌日には直会《なおらい》として「豊明節会《とよのあかりのせちえ》」が行われた。「豊明」とは、酒に酔って顔を赤らめるという意味だが、儀式のお供えと同じ白酒《しろき》・黒酒《くろき》を賜わり、国栖《くず》の奏、五節《ごせち》の舞などの芸能の奏上が行われた。

古代の新嘗祭を考える上で重要なのは、宮殿を讃め称える祭祀「大殿祭《おおとのほがい》」がその前後で行われたことである。この司祭となったのは忌部《いんべ》氏で、『延喜式祝詞《のりと》』「大殿祭」の一節には次のようにあり、その趣旨がわかる。

……天津《あまつ》日《ひ》嗣知食《つぎしろしめ》す、皇御《すめみ》孫《ま》之命《のみこと》の御殿《おほとの》を　今奥山《いまおくやま》の大峡《おほを》・小峡《をを》に立てる木を　斎部《いむべ》の
斎斧《いみをの》を以《もち》て伐《か》り採《と》りて　本末《もとすゑ》をば山《やま》の神《かみ》に祭《まつ》りて　中《なか》の間《あひだ》を持《も》ち出《い》で来《き》て　斎鋤《いみすき》を以《もち》て
斎柱《いみばしら(を)》　立《た》てて　皇御《すめみ》孫《ま》之命《のみこと》の天之《あめの》御《み》翳《かげ》・日《ひ》之《の》御《み》翳《かげ》と　造《つく》り仕《つか》へ奉《まつ》れる瑞之《みづの》御殿《みあらか》……

興味深いのは、すでに完成している宮殿ながら、山に入り樹木を伐って宮を造営すること、その上で、樹木をもらい受ける山の神を祭祀すること、「柱立て」という建築の祭儀が読み込まれていることである。宮殿が造営される始源が、くりかえし確認されているともいえる。『常陸国風土記』では、筑波山の新嘗祭でもてなしを受けた先祖の神が、その神の宮が立派であることを讃え、祝福を送っている。宮廷の新嘗祭においても、天皇が皇祖に収穫を捧げ感謝する一環として、宮殿が立派であることを讃《ほ》め称《たた》える必要があったのである。

✝天皇の即位と大嘗祭

新天皇が即位した年には、新嘗祭がとりわけ盛大に行われた。これが「大嘗祭《だいじょうさい》」である。大嘗祭では、東西を代表する悠紀国《ゆきのくに》・主基国《すきのくに》の斎田《さいでん》より献上された稲が供えられる。悠

紀・主基の二つの国は、亀の甲羅を使う卜占《ぼくせん》によって決定された。大嘗祭においては、神酒《みき》として白酒《しろき》・黒酒《くろき》が供えられたが、これを醸《かも》すのは「造酒童女《さかつこ》」と呼ばれる童女で、斎田の郡司の娘から選ばれた。

ちなみに、平成天皇（現・上皇）が退位した二〇一九年には、五月に行われる即位式とともに新年号「令和」の代が始まった。そしてこの年の一一月に大嘗祭が執行されるのである。

まず、儀式の場として「大嘗宮《だいじょうきゅう》」が造営される。その構造は、天皇が出御《しゅつぎょ》するにあたって禊《みそぎ》を行う廻立殿《かいりゅうでん》と、東・西両国それぞれの新穀を供えるための悠紀殿《ゆきでん》・主基殿《すきでん》の三つの殿舎を基本とする。

廻立殿では、天皇が悠紀殿・主基殿へ出御するのに先立ち、「天羽衣《あまのはごろも》」と称する湯帷《ゆかたびら》を着て湯による沐浴を行い、その後、悠紀殿・主基殿に赴く。それぞれにおいて、天皇自らが箸を取り、新穀をはじめとする全国より献上された神饌を、皇祖天照《あまてらす》をはじめとする神々に供え、自身も食するのである。

これらの儀式は、新嘗祭と同じく一一月の卯の日に行われたが、翌辰《たつ》の日・巳《み》の日の両日には節会《せちえ》が、さらにこの翌日午《うま》の日には豊明節会が行われた。

辰・巳の日の節会は、豊楽殿《ぶらくでん》に設けられた悠紀帳《ゆき》・主基帳《すき》で行われたが、本儀には、中臣氏による天神寿詞《あまつかみのよごと》の奏上、忌部氏による神璽《しんじ》の鏡と剣の献上といった行事が含まれている。これらは王位継承後の即位式で行われる儀礼だが、大嘗祭にも即位儀礼としての性格があり、稲の司祭者としての天皇の役割をここにもみることができる。

ところで、悠紀殿・主基殿内には「御衾《ふすま》」と呼ばれる寝座《しんざ》が置かれる。この御衾に注目したのは、柳田国男とともに日本の民俗学を創始した折口信夫《おりくちしのぶ》で、これを「真床追衾《まどこおぶすま》」なる衣に包まれて降臨した瓊瓊杵尊《ににぎのみこと》の神話（『日本書紀』）と結びつけて解釈した。

この両殿内の寝座において、前の天皇の霊が、新たに即位した天皇の身体にこもり、神としての天皇の位、霊的な資格を獲得するといった学説で、折口以来、歴史学・国文学・民俗学のいずれからも長きにわたって支持されてきた。しかしながら、折しも平成天皇の即位した一九八九年に発表された、神道学・歴史学者の岡田莊司の論文「大嘗祭——真床覆衾論と寝座の意味」（『國學院雑誌』平成元年一二月）をはじめ、この折口説に対する批判が強まっている。

なお、一九九〇（平成二）年に史上初めて東京で行われた大嘗祭には、イギリスからのチャールズ皇太子・ダイアナ皇太子妃はじめ、皇室・王室二〇カ国、国家元首級の来賓七〇カ国、さらに世界一〇〇カ国以上から賓客《ひんきゃく》を迎える盛儀《せいぎ》として行われ、古代以来の皇室の儀礼が国際的な注目も集めた。

†神嘗祭――天照大神を祀る伊勢神宮の収穫祭

皇祖《こうそ》天照《あまてらす》を祀る伊勢神宮では、天皇が祭祀者として新穀を奉る「神嘗祭《かんなめさい》」が古代より行われた。『延喜式』には大嘗会《だいじょうえ》に次ぐ重儀《じゅうぎ》と位置づけられている。

その起源について、中世に成立した『倭姫命世紀《やまとひめのみことせいき》』には、以下のように説かれている。

一羽の真名鶴《まなづる》が「八百穂《ヤヤホ》」のついた一本の稲穂をくわえて、これを皇大神宮《こうたいじんぐう》に捧げたところ、この様子を初代の斎宮である倭姫命《やまとひめのみこと》が御覧になった。これによって、天照の伊勢鎮座を悟り、初穂を皇大神宮に供えたことに始まる、と伝えられる。天照の伊勢鎮座とともに、神嘗祭の創始が説かれていることがわかる。

神嘗祭は、元正《げんしょう》天皇の時代、七二一(養老五)年九月一一日に使《つかい》を遣わして幣帛を奉って以降、恒例の宮中祭祀となった。例祭使は、五位以上の王の中から選ばれ、これに神祇官の中臣《なかとみ》・忌部《いんべ》・卜部《うらべ》が副えられ「四姓の使《しせいのつかい》」と呼ばれた。

現行の祭祀は、明治四年に復興されて以来続くものである。伊勢神宮の神職を中心として、四月に神田下種祭《しんでんげしゅさい》、五月に御田植え初め、九月に抜穂祭《ぬいぼさい》が行われ、稲穂は御稲御倉《みしねのみくら》に収められる。神饌は忌火屋殿《いみびやでん》にて調備され、一〇月一七日に献ぜられる。餅は、神宮特有の小判形に作られ、新穀のほかに神饌《しんせん》として、志摩《しま》の海女《あま》・漁師より献ぜられたあわび・伊勢海老・干鯛《ひだい》や、塩田で作られる堅塩《かたしお》が、この時一度のみ使用される土器《かわらけ》に盛られて、内宮の天照、外宮の豊受大神《とようけのおおかみ》に供えられる。これら伊勢の神のための食事は、古代宮中の食文化の伝承としても貴重である。

5　天皇と祭祀を行う宗教者、呪術者

†神の言葉の統御者——天皇と中臣氏

記紀神話には「…の命《みこと》」の名を有する神々が少なくない。「命《みこと》」とは「御《み》言《こと》」の意味で、「言」に敬語の「御」が冠せられるのは、それが神の言葉だからである。「天皇」は「スメラミコト」と訓読されるが、「スメラ」は、動詞「統《す》べる」に由来する語である。

関連する語として、星の「昴《すばる》」がある。これは、ものごとを統括することを意味する「統《す》べる」に関連する語である。すなわち「スメラミコト」とは「神の言葉を理解して統御する」といった意味が込められており、そうした能力と資格を有する存在が、日本の「天皇」なのであった。神の言葉を理解する能力を有し、それを臣下に伝えて国土を統治

するのが天皇の役割だったのである。

天皇は、神の言葉を人に伝える媒介者ということができるが、しかしながら天皇がダイレクトに人々に言葉を発するわけではない。さらに天皇と人々との間の仲立ちとなる役が必要とされた。この役を担ったのが中臣氏《なかとみし》であった。中臣――「中つ臣」には、天皇と人の間の臣下、といった意があると考えられている。中臣氏は、天皇の言葉を理解して人々に伝える宗教者だったのである。神祇令の第九条には「中臣、祝詞《のとごと》、宣《のた》べ」（中臣氏は祝詞に奉仕せよ）と規定されるが、祝詞とは「宣《の》り詞《と》」のことで、「宣《の》る」とは本来、神や天皇がその意思を言葉を発して表明することである。中臣氏は、天皇に代わって祝詞を読み上げることを重要な職掌《しょくしょう》としたのである。

なお、第九条の祝詞は、祈年祭における職務について述べたものである。祈年祭は、先に見たように、年の初め二月にその年の稲の成育を祈願する、宮中における予祝《よしゅく》儀礼である。中臣氏は、本儀礼で天皇に代わって祝詞を読み聞かせて、諸国がそれぞれの国の神を祭祀することを命令したのであった。こうしたことからもうかがわれるように、天皇は、近代における独裁的な専制君主のごとき存在ではなく、稲を中心とする農耕を司る王だったのである。

†古代の宮中祭祀組織――天皇に仕える宗教者と呪術者

宮中には、中臣氏のほかにもさまざまな特殊能力をもって天皇に仕える臣下たちがいた。例えば、大嘗祭は、天皇が即位の後に一度だけ行う大がかりな新嘗祭であるが、卯の日の神祭《かみまつり》の翌日に行われる辰の日の節会《せちえ》においては、中臣氏が「天神寿詞《あまつかみのよごと》」を奏上する。

一方、忌部氏は、皇位の象徴たる神璽としての剣と鏡を天皇に献上した。忌部氏は、祭祀に使用する玉《ぎょく》を製作する玉造《たまつくり》を率いる氏族であった。特に仏教の移入をめぐる蘇我氏との抗争で物部氏が滅亡した後は、中臣氏とともに宮中祭祀の中核を担った。

大嘗祭において儀礼の中心となるのは、天皇自らが皇祖天照《あまてらす》に、その年に収穫された稲を供えることである。この稲に加えて、諸国より各地域の贄《にえ》（供物）や祭器が献上された。紀伊国からは鮑《あわび》・巻き貝・螺《にし》・古毛《こも》（海草の一種）、阿波国からは貝類・海草・里芋、三河国からは神の衣たる和妙《にぎたえ》（絹の織り物）・荒妙《あらたえ》（麻の織物）を織るための糸、淡路島からの甕《かめ》・土器・壺などが献上されたのがその例である。国単位で、大嘗祭のための諸役が割り当てられたのであり、全国が、国を単位としてそれぞれの贄を奉ることによって、大和朝廷への服属を証す意味があったのである。

大嘗祭の前日の寅の日には、天皇の身体内の魂にさらなる活力を与えるための鎮魂祭が行われた。これは「猿女《さるめ》」という一族の巫女が行った。奈良時代に書かれた歴史書『古語拾遺《こごしゅうい》』「神武天皇条」には「猿女君の氏は、神楽《かぐら》の事に供《つか》へまつる」と記される。また「鎮魂《たましずめ》の儀は、天鈿女命《あめのうずめのみこと》の遺跡《ゆいせき》、しかれば則ち御巫《みかんなぎ》の職は旧氏に任すべし」とも書かれるように、その呪術《ワザ》は記紀に天照が籠られた岩戸の戸を開けるために神憑《かみがか》りして舞ったアメノウズメの呪法を伝えるものであった。

ちなみにこの時、中臣氏の祖アメノコヤネは祝詞を唱え、忌部氏の祖フトダマは祭祀の場である神籬《ひもろぎ》を幣帛や玉《ぎょく》・鏡などで飾り立てて、ともに天照の出現を祈っている。これら、天皇に奉仕することを職掌とする神祇《じんぎ》氏族《うじぞく》は、律令制下においては神祇官に所属してそれぞれの神話時代以来の先祖の神々の呪術をもって祭祀に奉仕したのであった。

✝第一章結び

本章では、天皇を頂点とする古代日本における稲作と、国家統治のための稲作祭祀の重要性について、その民俗的な伝承と意味・意義をも考えつつ検討した。

日本の稲作は中国の南方を起源として、半島を経由して伝来し、弥生時代には水田稲作が東北地域にまで伝播していた。

古墳時代を経て四世紀に大和政権が成立し、日本は稲が豊かに稔る「瑞穂《みずほ》の国」として天皇を頂点とする国土統治を行うようになったのである。

春の種まき・田植えから収穫まで、稲作の周期は一年のサイクルを認識する基本となった。年の替わり目である正月は、秋の収穫と春の種まきとの間に設定された。餅を供えることなどから、正月行事が稲と深く関わる行事であることが明確に見て取れる。現代の、夜に家で心身を清らかにして過ごし、神を迎えもてなすといった習俗の原形は、すでに神話の世界に認められるのである。

沖縄や奄美大島など西南の亜熱帯の地域での収穫は早く七、八月には完了し、その後、集落では、九月頃に新年とみなされる稲に関わる行事が行われる。民俗のレベルでは、年の始まりは、太陽や月の運行に基づく月日の判断より、むしろ稲作の工程に基づいて認識され、収穫と次の種まきの間に設定されていた。

古代の朝廷では、年初にその年の稲の祈願を行う「祈年祭」や収穫祭である「新嘗祭」などの国家儀礼が整備された。天皇の即位の年の「新嘗祭」は、大規模な「大嘗祭」として行われたことからも、天皇による国土統治と稲作祭祀とが不可分な関係にあったことがわかる。

これらの祭祀は、アメノコヤネを先祖として祝詞に奉仕する中臣氏、フトダマを先祖として玉を作る忌部氏、アメノウズメを先祖として鎮魂呪術を行う猿女氏など、神話の神々を先祖として神祇祭祀を専門とする氏族の奉仕のもとに行われた。

日本では仏教伝来以前に、このように天皇を頂点として神祇氏族が奉仕する祭祀が行われ、国家統治に重要な役割を果たしていた。こうした神話時代以来の伝統に基づく祭祀の体制があったにもかかわらず、六世紀に、日本は鎮護国家を目的として、インドで発祥し中国で漢語訳された仏教を取り入れることを決意し、仏を祀る寺院を建立して、宮中でも仏教儀礼を行うようになる。

仏教を取り入れた日本は、仏や菩薩《ぼさつ》・如来《にょらい》と日本の神祇との関係をどのように考え、それぞれの祭祀を行うことにしたのだろうか。新たな外来の宗教を尊重して、神話時代以来の日本の神祇信仰を排除したのか。その対応は、国家のかたちを再構築する上でも難題であり、その導入にあたっては朝廷内の対立も起こった。

次章では、日本が仏教を移入した際の混乱について考察したい。鎮護国家を目的として導入された仏教は、稲をはじめとする五穀豊穣の祈願を重要な役割とし、祭祀のあり方や体制ばかりでなく、列島の景観をも変えていった。そうした日本人の宗教・信仰の歴史を、民俗、現在へと至る伝承とともに考える。

第二章　鎮護国家の仏教と列島の景観

1　仏教伝来

†崇仏派蘇我氏と反崇仏派物部氏との抗争

六世紀後半、大和国（現奈良県）飛鳥《あすか》に都が置かれていた時代に、その一世紀ほど前に伝来した外来の宗教である仏教を日本に受け入れるかどうかをめぐって争いが激化した。崇仏《すうぶつ》派の代表が蘇我《そが》氏であり、それに対して物部《もののべ》氏は、日本の神祇を重んじる立場であった。二つの勢力の宗教対立は、実は朝廷内の政治的な争いを背景としており、皇位の継承をめぐる対立を含んでいた。

五八七年、これに決着をつけるべく、蘇我馬子《うまこ》が物部守屋《もりや》追討の軍を挙げ、大和国から河内国（現大阪府）渋川郡《しぶかわ》の守屋の館へと進軍し、両軍は、餌香川《えかがわ》の河原で交戦した。当初、軍事を司《つかさど》る氏族であった物部氏の軍勢は強盛で、守屋自身も、朴《ほう》の木の上から雨のように矢を射かけ、蘇我氏の軍はその勢いを恐れ退却を余儀なくされた。

このとき蘇我氏に従っていたのが厩戸皇子《うまやどのおうじ》（聖徳太子）であった。皇子は、仏法の加護を得べく白膠木《ぬるで》で四天王の像を作り、戦勝を祈願し、勝利すれば仏塔をつくり仏法の興隆に努めることを誓った。馬子は軍を立て直して進軍し、果たして、大木の上の守屋は射落とされて殺されたのであった。大将を失った物部軍は離散し、敗北した。守屋を射た矢は、厩戸皇子が四天王への祈願を込めた矢であったとも伝えられるようになる。

こうして、蘇我氏は親の代より二代に渡って対立してきた反仏教派の物部氏の勢力を中央から排除することに成功し、厩戸皇子と連携して、仏教の国内浸透を本格化させる道筋をつけたのであった。

女帝推古天皇が豊浦宮《とゆらのみや》（奈良県明日香村）で即位するのはこの五年後、五九三年である。推古女帝は、甥の厩戸皇子を皇太子として、冠位十二階（六〇三〔推古天皇一一〕年）及び、十七条憲法（六〇四〔同一二〕年）を制定して、法令・組織の整備を進めた。さらに六〇七（推古天皇一五）年には小野妹子《おののいもこ》を隋に派遣するなど、中国との本格的な外交に乗り出した。

聖徳太子が起草した十七条憲法の第二条には、「篤《あつ》く三宝《さんぼう》を敬え」という文言が記されている。三宝とは、仏・法（＝経典、仏の教え）・僧侶のことで、日本が仏教国への道を歩むことが明確に宣言されたのであった。

†仏教伝来から遣隋使の時代へ

現在、日本における仏教式の葬式や法事で僧侶が唱える『法華経《ほけきよう》』や、一般の人々でも諳《そら》んじていることが珍しくない『般若心経《はんにやしんぎよう》』などの経典は漢字で書かれている。元々インドで、釈尊の教えを基にした経典はサンスクリット語で記されている。それを、中国の僧侶が中国語訳した経典が日本に入ってきたのである。

こうした中国の僧侶のなかで、日本でも有名なのは三蔵法師《さんぞうほうし》玄奘《げんじよう》（六〇二～六六四年）である。玄奘は、インドへの旅を『大唐西域記《だいとうさいいきき》』として著した。これが後に孫悟空《そんごくう》の登場する伝奇小説『西遊記《さいゆうき》』の基ともなり、日本人にも親しまれるようになった。こうした経典の中国語訳を行った僧侶には、ほかに鳩摩羅什《くまらじゆう》・真諦《しんだい》・不空金剛《ふくうこんごう》などの中国僧がおり、玄奘を含め「四大訳経家《しだいやくきようか》」と呼ばれている。

これら漢字で記された中国語訳の経典が入り、日本仏教の礎《いしずえ》となった。このように、日本仏教の直接の起源はインドではなく、隋・唐代の中国仏教だったのである。

仏教の公式の伝来については、『日本書紀』(七二〇年成立)に記されている。五五二(欽明天皇一三)年、百済《くだら》の聖明王《せいめいおう》(聖王)からの使者が、仏像や経典などを献上したことにより仏教が伝来したとされる。その仏像は釈迦仏の金銅像で、そのまばゆさは天皇はじめ臣下を驚かせた。

この頃の代表的な仏像の一つに、後に法隆寺の夢殿《ゆめどの》に安置される救世観音《ぐぜかんのん》がある。それまでの日本人が、土偶や埴輪《はにわ》などの素朴でアニミズム的な像を拝んでいたことを考えれば、その驚きがいかばかりであったか想像できよう。仏を尊崇すべしとした蘇我氏の主張は、隋をはじめ西方の諸外国が皆、礼拝している状況で、日本がそうした世界の趨勢に背くことができようかといった理由であった。当時、早くも国際スタンダードといった意識が芽生えており、これに従うべきだというのが崇仏派の主張なのであった。

一方、物部氏ら神祇祭祀《じんぎさいし》に奉仕してきた氏族は、外来の神を拝めば日本の神々の怒りに触れることになるだろうと強硬に反対した。天皇に仕えて宮中祭祀に奉仕する神祇氏族については前章でみたところであるが、仏教の受容は彼らの職掌の存続にも関わり、今でいえば失業・失職問題につながるという危機感があったともいえる。

このように、伝来の当初、少なからぬ日本人は外来の仏・菩薩を信仰する宗教に抵抗を感じたのであった。蘇我氏と物部氏との争いは、それぞれの子息、馬子と守屋の代に持ち越された。そして仏教派の蘇我氏が勝利を収めたことで、仏教は日本の国家宗教としての道へと踏み出したのである。

†百済からの仏教伝来から遣隋使へ

では、中国の漢訳仏教は、なぜ朝鮮半島から伝来したのだろうか。その背景には、大陸、朝鮮半島と日本との関係、東アジアの国際情勢がある。

朝鮮半島は、このころ高句麗《こうくり》・新羅《しらぎ》・百済《くだら》の三国が割拠して競い合っていたが、半島三国には、日本より一世紀ほど早く四、五世紀の間に仏教が伝わっていた。日本と半島との距離は近く、日本に公式に伝来する以前より、半島からの渡来人が帰化して仏教を信仰していた可能性も高い。

この、半島三国のうち、特に日本と親交の深かったのは百済であった。というのも、百済は高句麗・新羅との対抗上、日本からの軍事を含む支援を必要としていたからである。

半島内で強大な力を誇ったのは、半島北方の半分以上を領有した高句麗で、国境を接する隋と敵対した。隋はこのため、百済と良好な関係にあった日本（倭国）を影響下に置こうとしていた。百済からの仏教伝来は、こうした情勢下でなされたのであった。

『隋書』「倭国伝」には、倭国は「仏法を敬い、百済に仏・経を求得《ぐとく》し……」と述べられている。隋は、倭国と百済との仏教を介した結びつきを掌握しており、百済からの仏教を介して、大和朝廷に大陸の先進文化を伝えて、親交を深めることをはかっていたのである。

ちなみに、この『隋書』には、日本がこの当時、文字を持たず、仏教とともに経典によって漢字を獲得したこと、卜占《ぼくせん》を行い、「巫覡《ふげき》」と呼ばれる男女それぞれのシャーマンがいたことのほか、元旦に酒を飲み、弓で矢を射《い》る習俗まで記されている。日本の正月の祝いが古代、文字のない時代にまでさかのぼることなども興味深いが、東アジアの先進の帝国の目には蛮習《ばんしゅう》として映っていたようである。

仏教の伝来からおよそ半世紀を経て、蘇我氏と物部氏による仏教の受け入れをめぐる対立に決着がつくと、推古朝は、東アジアの強大な帝国隋との関係の構築を目指した。そして日本の一独立国としての地位を固め、認められるべく遣隋使を派遣したのであった。

その第一回は、六〇〇（推古八）年であり、以後六一八年（推古二六）年までの一八年間に五回以上派遣された。日本は、官制・礼制や、これと密接な関係にあった宮廷音楽や舞踊、これらを管轄する楽制を学ぶことを急務とし、仏教の移入も、先進の知識を獲得する一環であった。国土の広さや軍事力の強さとは別に、律令の法制や官僚機構、儒教・仏教などの学識を備えていることが、「大国」であるかどうかの国際的なメルクマールであり、日本は「大国」を目指して、貪欲に大陸、半島に学んだのであった。

六〇七（推古一五、隋：大業三）年の第二回は、小野妹子《おののいもこ》が派遣された。帝国を訪問する際には、挨拶の書状として「国書」を携えなくてはならなかったが、その書の中の、

日出処天子、致書日没処天子無恙云云
（日出《い》ずる処の天子、書を日没する処の天子に致す。恙無《つつがな》しや、と云々）

の文言が、皇帝煬帝《ようだい》の不興を買ったことが『隋書』「倭国伝」に記されている。この記載について、日本側の記録は現在まで見出されてはいないが、これは厩戸皇子の言と見なされている。煬帝が激怒したのは、「東方の太陽の昇る」という表現が倭国の繁栄を、「太陽の沈む」という表現が隋の没落を意図していると解釈されたことのほかに、世＝「天下」を治める皇帝は一人のみであるとする中華帝国の思想から、日本の王が「天子」と表現されていたことに驚愕したためであると考えられている。

2　転輪聖王の思想と国家統治

東アジアに拡大する転輪聖王の思想

『隋書』「倭国伝」に記されている、この六〇七（大業三）年の遣隋使についての記事は、しばしば、隋帝国に対する日本の独立性を宣言した文言としてクローズアップされる。しかしながら、帝国に使節を派遣する日本の立場は、あくまで法制度や官僚制度などの国家機構や、仏教、儒教などの思想を先進国から謙虚に学ぶことを第一の目的としていた。

その点では、以下の一節は、日本からの使者が、仏教をいかなる宗教として認識し、隋からとり入れようとしていたかを知る上でより重要である。

聞海西菩薩天子重興仏法、故遣朝拝、兼沙門数十人来学仏法
（海西の菩薩天子、重ねて仏法を興すを聞く、故に遣わして朝拝す。兼ねて沙門、数十人来たりて仏法を学ぶ）

注目されるのは、隋の皇帝が「菩薩天子《ぼさつてんし》」として仏法の興隆に努めていることを聞き及び、それゆえに使者を遣わし挨拶を申し上げ、沙門《しゃもん》＝僧侶数十人を、兼ねてより隋に派遣して、仏法を学ぶのである、と述べている点である。

仏像・経典などの百済からの移入によって、朝鮮半島から仏教が伝来したが、それをもって、日本での僧侶による仏教活動がただちに実現したわけではなかった。まず隋に渡って、仏教の教義の学習、読経などの実践の習得が行われていたのである。

この一節に関して、隋では、皇帝自らが菩薩となって仏教の頂点に立ち国を統治する体制が固められていた、とする記述も看過できない。そうした国家統治のあり方を理想として、日本が仏教を移入しようとしていたことがわかる。

隋の煬帝は「菩薩天子《ぼさつてんし》」となるために、高僧天台大師智顗《ちぎ》より菩薩戒《ぼさつかい》を受けた。智顗は、浙江《せっこう》省の天台山で修行し、『法華経』の実践修法としての『摩訶止観《まかしかん》』を説き、天台教学を確立した高僧である。

後に煬帝となる、文帝楊堅《ようけん》の次子楊広《ようこう》は、文帝によって隋が建国されると晋《しん》王となり、北方を守護した。その後、南朝の陳《ちん》の討伐を行う。そこで南朝の華やかな文化に触れ、当地の高僧らに出会い、仏教に惹かれた。そしてその一人、天台大師智顗から菩薩戒を授けられ、「総持《そうじ》」の法名（居士号《こじごう》）を授かり、智顗に対しては「智者」の号を下賜《かし》したのであった。

煬帝と仏教との関係で重要なのは、それが一個人としての仏教への帰依ではなく、菩薩天子として皇帝が仏の資格により国家を統治し、理想の国土をつくるという思想が実践されていたことである。

こうした思想は、中国における発明というわけではなく、その起源を古代インドに遡ることができる。地上を仏法によって統治する、自ら仏法を実践する理想的な王を「転輪《てんりん》聖王《じょうおう》」という。「転輪聖王」は、サンスクリット語のチャクラヴァルティラージャン（cakravartiraajan/चक्रवर्तिराजन्）を漢語に訳した語である。隋の皇帝は、その理想を実践していたのであり、日本からの使者がそれを讃め称えた。

その頃の半島では、新羅の真興王《しんこうおう》（五三四〜五七六年）が高句麗と対立しながら百済と同盟し、積極的に領土拡張を進め、国力を飛躍的に拡張させつつ、仏教を厚く保護した。王は皇龍寺をはじめとする寺院を建立し、在家信徒に八斎戒《はっさいかい》（不殺生《せっしょう》・不偸盗《ちゅうとう》・不邪淫《じゃいん》・不妄語《もうご》・不飲酒《おんじゅ》など）を授ける八関会《はちかんえ》を催した。二人の太子を銅輪《どうりん》・舎輪《しゃりん》または金輪《こんりん》と名づけたが、これは転輪聖王思想に基づく命名なのである。

転輪聖王には、それぞれ鉄・銅・銀・金の輪宝を持つ、金輪王・銀輪王・銅輪王・鉄輪王の四王がおり、最上の金輪王は、古代インドの世界観において地球上に四つあるとされる大陸すべてを支配すると説かれるが、新羅の王はこうした思想を国土統治に実践しようとしていたのである。

†聖徳太子から奈良の仏教へ

仏教の伝来期、飛鳥時代は百済のほかに、こうした新羅の仏教の影響も受け、また半島からの渡来人も日本における仏教の浸透を促進させたと考えられている。飛鳥の飛鳥寺のほか、聖徳太子発願《ほつがん》による斑鳩《いかるが》の法隆寺、難波の四天王寺など、巨大な木造・瓦葺《かわらぶき》建築の寺院が建立され、国家による本格的な仏教活動が開始されたのであった。

「篤く三宝を敬え」と説いた聖徳太子は、経典の教えにも精通し、自ら『法華経』『勝鬘《しようまん》経《ぎよう》』『維摩経《ゆいまぎよう》』の講釈を行い、その解説書として三経の義疏《ぎしよ》を著した。このうち『法華義《ほつけぎ》疏《しよ》』は梁《りよう》の法雲《ほううん》（四七六〜五二九年）の『法華義記《ほつけぎき》』と七割が同文、『勝鬘経義疏《しようまんぎようぎしよ》』は敦《とん》煌《こう》出土の『勝鬘経義疏本義』と七割が同文、『維摩経義疏』は、やはり梁の『維摩経義疏』や敦煌出土の『維摩経義記』とかなりの程度、類似していることが明らかにされている。聖徳太子自身の解釈の程度や独自性に疑問を呈する見解もあるが、日本の仏教理解が、中国における解釈に強い影響を受けていたことはまちがいない。また聖徳太子の仏典についての造詣と理解の深さをもうかがうことができる

法隆寺には、高さ約八八センチメートルの釈迦如来坐像と左右の脇侍《わきじ》菩薩立像《りゆうぞう》の三尊からなる釈迦三尊像が、金堂の本尊として祀られている。この釈尊は聖徳太子の身体と強く

結びついている。像の光背《こうはい》には、次のように記されており、六二二（法興王三二、推古三〇）年、聖徳太子が病に臥《ふ》した際に、太子と同身長の像を作り、平癒《へいゆ》を祈願したという。

六二一（推古天皇二九）年一二月、聖徳太子の生母・穴穂部間人皇女《あなほべのはしひとのひめみこ》が亡くなった。翌年正月、太子と太子の妃・膳部菩岐々美郎女《かしわでのほききみのいらつめ》（膳夫人）がともに病気になったため、膳夫人・王子・諸臣は、太子と等身の釈迦像の造像を発願し、病気平癒を願った。しかし、同年二月二一日に膳夫人が、翌二二日には太子が亡くなり、六二三（推古天皇三一）年に釈迦三尊像を仏師の鞍作止利《くらつくりのとり》に造らせた。

「鞍首止利」とは、飛鳥時代の渡来系の仏師鞍作止利のことで、飛鳥大仏の作者としても知られる。太子と半島の仏教との強い結びつきをうかがわせるが、聖徳太子を釈尊と同体として信仰することは、転輪聖王の思想の延長上に理解することができる。日本は、天皇による統治と結びついた国家仏教への道を着実に進み始めていたことがわかる。

飛鳥の都の後、近江大津宮《おうみおおつのみや》（天智天皇）・飛鳥浄御原宮《あすかのきよみはらのみや》（弘文・天武天皇）・藤原京（持統天皇・文武天皇）への遷都を経て、七一〇年、天智天皇の皇女であった元明《げんめい》天皇により平城京への遷都の詔《みことのり》が出される。

平城京に遷都されるまでの天武《てんむ》天皇・持統《じとう》天皇を中心とする時代、大陸では隋に替わり唐の帝国（六一八〜九〇七年）が長安（現西安《シーアン》）を都として建国される。日本は遣唐使として引き続き大陸へ使者を派遣して海外情勢の掌握に努め、唐の先進的な技術や仏教の経典などを集積した。

飛鳥より北、奈良の地に遷った平城京は、唐の長安の都を模して造営された。仏教を重んじた新都には、「奈良の大仏」と呼ばれ親しまれる盧舎那《るしゃな》仏《ぶつ》を本尊とする東大寺や西大《さいだい》寺《じ》はじめ、諸大寺が建造され、また大安寺《だいあんじ》・薬師寺・興福寺・元興寺《がんごうじ》が藤原京より移転し、これに法隆寺を加え、「南都《なんと》七大寺《しちだいじ》」と呼称されるようになる（「南都」は、平安京遷都以降の奈良の都の呼称）。

また、国家仏教としての儀礼も整備された。護国の経典『金光明最勝王経《こんこうみょうさいしょうおうぎょう》』を論義して講釈する宮中の御斎会《ごさいえ》、興福寺の維摩《ゆいま》会《え》（『維摩経』の論義）、薬師寺の最勝会《さいしょうえ》の三つの仏教儀礼は、三大会《さんだいえ》として平安時代にも継続した。なかでも興福寺維摩会は江戸時代末まで続き、明治時代以降は法相宗の宗祖慈恩大師《じおんだいし》（かの三蔵法師玄奘の高弟）を祀る年中行事に儀礼が継承された。寺院の堂舎・仏像だけでなく、僧侶による護国を祈願する古代仏教の儀礼が現代に続いているのである。

†王法仏法相依の儀礼と民俗化へ

　奈良時代の三大法会は都が京都に遷ったのちは「南都三会《さんえ》」の名で呼ばれ、諸々の仏教儀礼の頂点の座にあり続けた。そのなかでも宮中で催された正月の御斎会《ごさいえ》では、天皇みずからが公的な儀式を行う大極殿《だいごくでん》に出御し、僧侶の『最勝王経』の論義を聴聞した。奈良時代には、寺院のみならず宮中でも国家祭祀として仏教儀礼が実修されていたのである。

　御斎会の「斎」とは、在家が僧侶を供養するために、僧侶に供される食事を意味する。日本語では「とき」と訓読され、僧侶の食事を意味する言葉「お斎《とき》」は、現在でも法事などで用いられる。「御斎会」とは、天皇が僧侶に食事を差し上げ供養することを意味する呼称で、天皇主催の儀礼ゆえに「御」が冠せられている。「講師《こうじ》」役の高僧が天蓋《てんがい》のある高座《こうざ》に就いて『最勝王経』の講釈を行うのが儀礼の中核であるが、一年のはじめにその年の国家の平安と五穀豊穣を祈願することが行事の目的であった。

　国家の仏教儀礼として、御斎会において注目されるのは、本尊となる仏のしつらい、置き方や天皇の座の配置である（図7）。

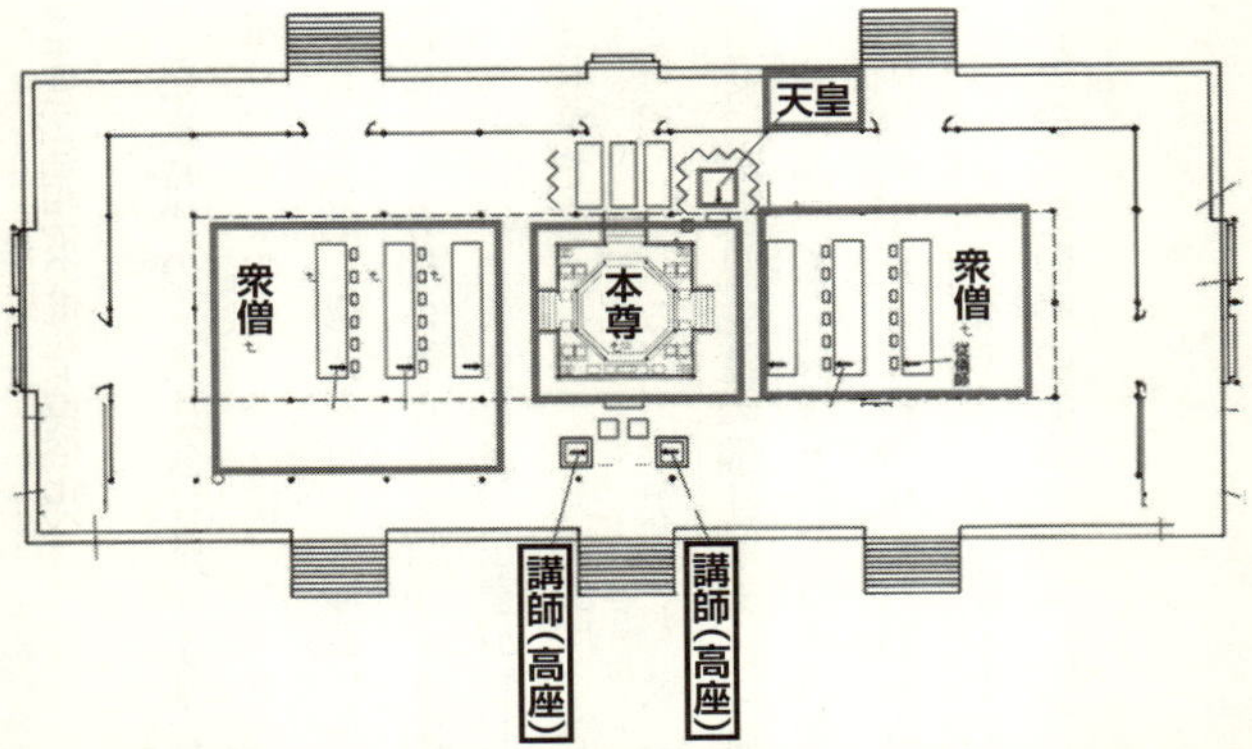

図７　転輪聖王思想を体現する宮中内の仏教儀礼空間、宮中大極殿、御斎会の差図（山本崇「御斎会とその舗設――大極殿院仏事考」（『奈文研紀要』2004）に基づき著者加筆修正）

†転輪聖王思想を体現する宮中内の仏教儀礼空間

本尊の釈迦仏は、大極殿の中央に置かれたが、驚くのは、天皇が即位式で即位を宣言する際に入る高御座《たかみくら》のなかにそれが安置されたことである。天皇が座る位置も興味深く、中央の仏の背後に、屏風で囲われた中に身を隠すようにして座し、儀礼に臨んだ。僧侶の講釈を聴聞するという目的から考えれば、大極殿の正面、仏の前で講釈を行う役の僧侶＝講師の近くに、仏と向き合う位置に座を設けることが自然であろう。実際に、朝廷から勅使《ちょくし》が派遣される奈良興福寺の維摩会においては、勅使は、興福寺講堂の正面に仏と向かいあって座し、目の前の講師の『維摩経』の講釈を聴聞する。

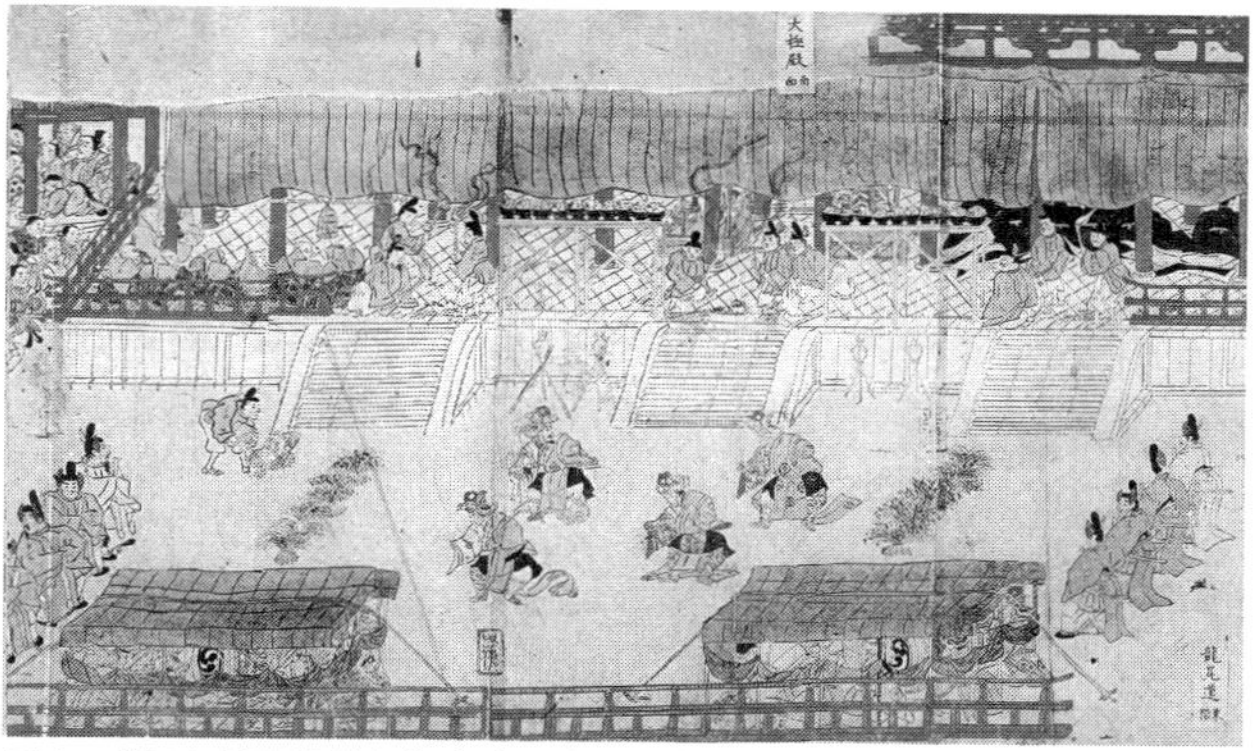

図8　『年中行事絵巻』御斎会、竟日の舞楽。庭に山城国からの12束の稲束が２列に並べられている。（『日本の絵巻』８巻、中央公論社より）

即位式のほかにも、高御座は天皇が正月に臣下の拝礼を受ける朝賀《ちょうが》の際に使われる、天皇以外に入ることの許されない特別な聖具である。御斎会において、ここに釈迦像が安置され、その背後に天皇が座することは、天皇と仏とが一体化していることを示し、王が仏の資格において国土を統治する転輪聖王の思想を儀礼化したものなのであった。

こうした、王権と仏法とが、相互に密接に関係して領土を統治する考え方は「王法仏法《おうほうぶっぽ》相《そう》依《い》」と表現され、特に思想史研究などにおいて注目されてきた。日本では、天皇と仏が同体になって国土を統治するといった転輪聖王の思想が目に見えるかたちで表現され、儀礼が創出されていたのである。

御斎会では、その年の五穀豊穣が祈願される。

大極殿前に、供物として稲穂が供えられていることからもよくわかる。御斎会の様子を描いた『年中行事絵巻』(図8)には、庭前に稲穂が並べられた様子が見られるが、これは秋の豊作の様子を現している。興味深いことに、平安時代の記録には、行事に奉仕する雑人《ぞうにん》が、儀礼が終了するや否や供えられた五穀を奪い合い、それに対して役人が行事の進行が妨げられるのを制止するといった事件が起きていることである(『中右記』天永二年、『台記』久安六年)。

民俗行事や祭礼において、供物《くもつ》や神仏に捧げる飾りなどを奪い合うことは、広く見られるところである。古代における外来の宗教儀礼でも、雑人《ぞうにん》は奪った五穀を家族の食事に入れて食し、災厄を祓い幸福を願った。あるいは、その年の稲の豊穣を願って、春に稲穂についた稲実を種籾の中に混ぜて播種《はしゅ》したものと推測される。

日本において、外来の宗教である仏教儀礼が宮廷で行われていた点も注目されるが、その国家的な宗教儀礼のなかで、予定されたプログラム以外の、稲作そのものと関わる民俗的な展開が、古代のうちに見られる点でも注目されるのである。

3 列島の里山の景観を作った国家仏教

†東大寺お水取り――年頭祈願の仏教儀礼

図9　東大寺お水取り。二月堂上より、松明から降り注ぐ火の粉

国家の平安と五穀豊穣を祈願する仏教儀礼で、古代に始まり現代まで続く行事としてもっとも著名なのは、東大寺二月堂での「お水取り」（図9）である。正式名称は、二月に行われることを意味する「修二会《しゆにえ》」で、その仏教儀礼の行われるお堂「二月堂」の名前の由来でもある。東大寺では、大仏殿での大仏への正月祈願「修正会《しゆしようえ》」も行われる。

全国にテレビで報道される二月堂のお水取りでは、三月一二日に二月堂の欄干《らんかん》に並ぶ大松明《おおたいまつ》が有名である。欄干下にひしめくように参拝者が立つが、この松明から落ちる火の粉が、災厄を祓うと信仰されている。「お水取り」の呼称は、もともと二月堂の本尊、十一面観音にその年に初めてお供えする水を、二月堂の下の閼伽井《あかい》と呼ばれる井戸から汲み上げる作法の名である。御堂の外の階段を下り閼伽井まで楽を奏しながら、威儀《いぎ》を正した行列を組んで赴く様子が華やかで印象深く、修二会全体がこの名で呼ばれるようになった。

お水取りといえば、一般にイメージされるのは、この二月堂欄干《らんかん》から差し出された松明の炎と、降り注ぐ火の粉である。この松明は、日が落ちた後、二月堂の階段を登るために僧侶の足もとを照らす照明としての灯《あかり》で、「練行衆《れんぎょうしゅう》」と呼ばれる僧侶たちは、松明に導かれて入堂する夜七時から、日付の変わる一時頃まで、三月一日から一四日までの二週間、連日、厳しい行を行う。

その中心となるのは「悔過《けか》」と呼ばれる行法である。悔過とは過《あやま》ちを悔《く》いることで、「懺悔」（仏教語では「さんげ」と読む）のことであるが、懺悔の行がなぜ年頭の歳時の行事になったのであろうか。

多くの家庭に風呂や浴室が設けられるようになった現代でも、大晦日には銭湯が夜遅くまで営業している。それは、新年を迎えるにあたって心身ともに清らかにしなくてはならないからである。

現在の神社の行事でも年末には大祓《おおはらえ》が行われるが、新年を迎えるために心身を浄める習俗が古代に遡《さかのぼ》ることが、この「お水取り」からもわかる。大晦日の入浴を「一年の垢を落とす」といった表現をすることがある。その目的は、本来は新年を迎えることに重点があるのである。

「罪穢《つみけが》れ」と、罪と穢れとがひと続きの言葉で表現されるように、「罪」を犯すこと、あるいは贖罪《しょくざい》が済んでいない状態は「穢れている」と日本人は考えてきた。新年を迎えるためには、そのままにしておくと穢れに転化してしまう罪を消すことが必要になるが、仏教の悔過は、当時の日本においては、身を浄めることを目的とする「滅罪《めつざい》」のための新進の技術であった。それが、悔過の仏教儀礼が修正会や修二会といった年頭の年中行事として定着した要因であると考えられるのである。

東大寺のお水取りにおいて行法《ぎょうぼう》に奉仕する練行衆は、期間中、毎日、二月堂の下の湯屋《ゆや》にて沐浴し、中臣祓《なかとみはらえ》を黙誦《もくじゅ》して自身の身を浄める。毎日の入浴は、現代の日本人にとっては珍しいことではないが、水や燃料のための薪の確保に多大な労を要した中世においては、沐浴は貴族であっても一〇日に一度ほどであった。このことからすれば、毎日の入浴がいかに特別なことだったかがわかるだろう。

†年頭の懺悔と鬼追い――薬師寺花会式

奈良では、他に興福寺・薬師寺・法隆寺・西大寺などで、「悔過」儀礼を中心とする修正会や修二会《しゅにえ》が行われていた。このうち薬師寺・法隆寺では、現在まで古代の儀礼が伝え

図10　薬師寺・修二会「追儺」（著者撮影）

られている（現在、法隆寺は二月、薬師寺は三月）。薬師寺・法隆寺の修二会において、東大寺では見られない作法として特徴的なのは「追儺《ついな》」＝鬼追いの行事（図10）が行われることである。

日本的な歳時行事としての性格の強い修正会や修二会では、本尊の仏への祈りのほか、「神名帳《じんみょうちょう》（神明帳）」に記された日本国中の神々が堂内に招かれる。同時に、災いをもたらす疫鬼《えきき》や魑魅魍魎《ちみもうりょう》も、本尊前の餅をはじめとする供物《くもつ》を求めてやってくると信じられ、これを防ぐ必要があった。それが、呪術的な密教儀礼に基づく結界作法や、鬼追い、精霊に供物を与える「神供《じんく》」の作法である。

年頭は、実は新たな年の福の神ばかりでなく、同時に災いや病気を運んでくる悪鬼が異界より訪れる時節であり、それを追い祓うために、宮中では大晦日に追儺が行われた。この追儺については、日本の年替わりの信仰と行事の観点から、前章で見たところである。

古代、宮中において追儺を行ったのは陰陽師《おんみょうじ》であった。陰陽師は、四つ目の恐ろしい形相の面をかぶり、楯《たて》と矛《ほこ》を持った「方相氏《ほうそうし》」と呼ばれる役を務め、内裏の周囲で鬼を追い祓った（第一章図4参照）。この方相氏の儀礼は唐より伝来したもので、朝鮮半島にも伝わっていた。ちなみに「方相氏」はその起源である中国でも日本でも途絶えたが、韓国では、少なくとも一九八〇年代までは、葬儀において伝承されていた。

寺院の修正会・修二会における追儺は、宮中における陰陽師による行事を引き継いだものと考えられるが、密教に基づく呪術的な作法により、僧侶が鬼追いを行った。

平安時代において、修正会・修二会は、藤原氏摂関家と強く結びついた法成寺《ほうじょうじ》や、白河院の院政政権と結びついた法勝寺《ほっしょうじ》をはじめ、京都の諸寺にも広がったが、いずれも鬼追いが行われるのが通例となり、平安時代後期には、陰陽師による追儺よりも主流になっていた。現代において民間で行われる節分での鬼追いのかたちは室町期に確立するが、その起源は、古代の奈良や京都の寺院での仏教儀礼における追儺に求められるのである。

✝水田の広がる里の景観を作った古代仏教

奈良や京洛の多くの有力寺院は、経済基盤として荘園《しょうえん》を領有していた。そこから年貢として納められる米が、正月の修正会をはじめとする年中行事の経費として欠かせなかった。それにより、五穀、特に稲の豊穣を祈願する修正会や修二会は、寺院が荘園を領有する根拠としての役割も有していたのである。

古代・中世において、東大寺は伊賀国《いがのくに》（三重県）に荘園を持ったが、当地から納められる米がお水取りの運営のために欠かせなかった。薬師寺は、中近世には、周囲の西ノ京地域の領主としての地位にあった。水田の水利権をも掌握し、領地から納められる米で餅を作り、供えていた。現在でも、東大寺のお水取りと同様に、修二会「花会《はなえ》式《しき》」では莫大な枚数の円鏡《えんきょう》の餅が「壇供《だんく》」として山積みされる。

図11　島ケ原・修正会の折に頭屋の床の間に飾られる大餅と鬼頭（著者撮影）

そうした地域の領主としての寺院による、水田をはじめとする領地支配のあり方は、全国各地に広がった。畿内において、悔過を中心とする修正会が行われる寺院の代表例としては、伊賀地方島ケ《しまが》原《はら》の正月堂修正会が挙げられる（現伊賀市島ケ原町）。

当地では、稲作を行うグループである複数の頭屋《とうや》が、田の収穫で作った五枚の大餅と、栗・ニンジン・大根・蜜柑などでかたちづくった鬼頭《おにかしら》を正月堂に収め、壇に供え、その本尊十一面観音の仏前で、僧侶が悔過作法を中心とする修正会を行う。寺院の正月堂の名は修正会を行うことからその名がつけられたが、正月堂は、かつては観菩提寺《かんぼだいじ》を構成するいくつかの塔頭《たっちゅう》の一つであった。

観菩提寺は、中近世に複数の塔頭を拠点として島ケ原地域を統治したが、時代とともに正月堂以外の塔頭は廃絶した。頭屋は、かつては「仲間の田圃《たんぼ》」と呼ばれる共有田を保有しており、豊作を祈願する修正会を行う寺院が地域の稲作農家と共存して、現在に続いているのである。

国東半島、宇佐八幡宮と修正鬼会——水田開発と仏教

寺院が、単に稲作地域を統治するばかりでなく、積極的な水田開発を行った例もある。その代表例として、宇佐《うさ》八幡宮と国東《くにさき》半島について見てみたい。

大分県の北東部、海に囲まれた国東半島には、三〇を超える寺々と不動明王《ふどうみょうおう》や大日如来《だいにちにょらい》の磨崖仏《まがいぶつ》など仏教色、山岳修験《さんがくしゅげん》色の強い史跡と、それらを水田が囲む、稲穂が風に揺れる稲田の様子が美しい田園の風景が広がる。

半島を六つの区域に分けたことに由来する「六郷満山《ろくごうまんざん》」と呼ばれるこの地域は、七一八（養老二）年、仁聞菩薩《にんもんぼさつ》によって開山されたと伝えられる。富貴寺《ふきじ》をはじめとする本寺二十八カ寺のほか、末寺を加えた三〇を超える寺々が現在も鎮座する。古代から中世に、そ

の頂点としてそれらの寺々を統括したのは、檜皮葺《ひわだぶき》、白壁朱漆塗《しらかべしゅうるしぬり》柱の壮麗な社殿からなる宇佐八幡宮であった。

六郷満山の多くの寺院には鬼面が蔵されている。これは、正月の仏教儀礼、修正会における追儺《ついな》（鬼追い行事）に使用されたものであった。修正会は、かつては二十八カ寺それぞれで行われていた。現在は、西満山では長岩屋《ながいわや》の天念寺《てんねん》で旧暦正月七日に、東満山では国東町の成仏寺《じょうぶつ》と岩戸寺《いわと》とが隔年で旧暦正月五日と旧暦正月七日とに行っており、堂内を暴れまわる鬼の作法を特色とする行事として「修正鬼会《しゅじょうおにえ》」の名で親しまれている。

修正鬼会の儀礼の中心となるのはやはり「悔過《けか》」であるが、六郷満山の諸寺は天台宗延暦寺の末寺として開かれ、悔過や追儺をはじめとする修正鬼会の作法は、基本的に延暦寺における古代の修正会と一致する。そうした点からも、この儀礼は本山延暦寺より伝播した古代の仏教儀礼を伝えるものと推察される。

修正会における祈願の中心は、その年の稲の豊穣である。修正鬼会は、鬼役が激しく松明を振り廻し、あるいは松明を梁《はり》に叩きつけて火の粉を振り注ぎ、参拝者を興奮に巻き込むエキサイティングな作法を特色とする。

そのなかで鬼との関わりで見過ごせないのは、仏前に供えられる餅である。この餅は「鬼の目餅」と呼ばれ、鬼の行事の直後に撒かれ、参拝者が競って取り合う。また、仏事のあいだには、柚子胡椒《ゆずこしょう》をつけた「鬼の目覚《めざ》まし」と呼ばれる串刺しにした餅を囲炉裏《いろり》の火にあぶって、僧侶や楽を奏する子どもたちが食するのも、稲作の予祝《よしゅく》に関わる行事として注目される。このように儀礼の主要な場面に餅が登場するのである。

宇佐八幡宮は、古代から中世に国東半島の水田の開墾を進め、「本御荘十八箇所《ほんみしょうじゅうはちかしょ》」と呼ばれる荘園の経営を行った。仁聞菩薩《にんもんぼさつ》が、七一八（養老二）年頃に開創したと伝えられる二十八カ寺はその拠点として重要な役割を果たした。

図12　正念寺修正会（豊後高田市）

その一つ「田染荘《たしぶのしょう》」は狭隘《きょうあい》な谷間に作られた棚田を特色とする。現在ののどかな田園風景を見ると、その景観が古来変わらずあったように見える。しかしながら、雨水が浸透しやすい当地の火山性の土壌は、むしろ水田には適さない土地であった。のどかで豊かな水田の景観は、古代より近世まで絶えざる開発が続けられて形成されたのである。

江戸時代後期、一八三五（天保六）年に、島原藩は田染地域に巨大な新池を造成する。工事には村人総出で数万人が駆り出され、現場に納屋を建て寝泊りして工事が進められた。古代に国東半島に建立された寺院とその周囲、山あいに形成された水田の広がる村落の景観は、千年を超える苦心と労苦の結晶なのである。

「田染荘」は、二〇一〇年に国の重要文化的景観として選定された。水田の広がる日本らしい里の景観は、外来の宗教である仏教による稲の豊穣祈願の儀礼や、社寺の主導する古代以来の千年を超える水田の開墾、土地開発によって形成されたのである。

図13　田染荘（豊後高田市）

†津軽の七日堂祭、農民一揆と修正会

稲の稔りを春に祈る修正会《しゅしょうえ》は、寺社による水田開発や地域統治と強い関係をもっている。ここまで国東半島を支配した宇佐八幡宮と末寺について修正会との関連に注目して、そのことを考えてきた。こうした視点から見ることで、その地域性がより深く理解できる集落が東北にもある。

まず挙げられるのは、岩手県平泉の毛越寺《もうつうじ》の「二十日夜祭《はつかやさい》」である。常行堂《じょうぎょうどう》において僧侶による祈願とともに、能楽と関係の深い「延年《えんねん》」と呼ばれる風雅な劇芸能が奉納され、多くの観光客がおしよせる。江戸時代に東北を旅して各地の習俗を記した菅江真澄《すがえますみ》は『霞《かす》む駒形《こまかた》』に、村人が劇を演じる僧侶に掛け声をかけ熱狂する様子をいきいきと綴っている。

さらに北の青森県弘前市《ひろさき》にある岩木山《いわきやま》神社と、平川市の猿賀《さるか》神社では、旧暦一月七日に、弘前市鬼沢《おにざわ》の鬼《き》神社では旧暦一月二九日に七日堂祭《なのかどうまつり》が行われている。明治時代の神仏分離により、現在では神社の行事となっているが、江戸時代には、僧侶によって奈良や京都と同様の古代的な修正会儀礼が行われていた。

現在は、その年の農作物の作柄《さくがら》や天候を占う神社の行事として行われているが、仏教儀礼としての修正会の作法を随所に残している。

例えば「牛玉宝印《ごおうほういん》」と呼ばれる札による、豊作や参拝者に対する祈願である。牛玉宝印とは、牛の内臓から取り出した「牛黄《ごおう》」を朱に溶かして、宝珠《ほうじゅ》形などの朱印を紙に捺《お》して作られる、修正会や修二会のときにのみ刷られ、参拝者に配られる特別な札である。

牛玉宝印の名はこの「牛黄」に由来する。牛黄は動物由来の漢方薬として中国や韓国ではポピュラーな薬で、多くの家に常備され、日本でも漢方薬店や大手の製薬会社から、高級強精剤として販売されている。修正会や修二会のときにのみ配られ、大切に保管され、かつては体調を崩した際に牛黄の含まれている朱印の部分をはがして飲んだという。牛黄は微量でも効くといわれ、実際に薬効があったものと推察される。

さらに、この牛玉宝印は、誓約の用紙としても用いられた。もし約束を破った際には、身体中の毛穴より神仏の罰が入り込み、身体がただれて死んでも構わない、といった文言が誓約の内容とともに裏に書き記されることで、誓いが交わされた。江戸時代には特に熊野大社の牛玉宝印が一般庶民にも広まり、男女間で「あなたをひとすじに愛して、浮気はしません」といった誓約のためにも使われ、特に遊郭では遊女が商売に使った。

そうした神仏に対する誓約は、神仏を招き降ろすことを意味する「起請《きしよう》」の言葉で表現され、それに使われる牛玉宝印は「起請文《きしようもん》」と呼ばれた。江戸時代の落語「三枚起請《きしよう》」は、三人の客に遊女が書いた起請文をめぐる笑い話だ。歴史的な大事件である赤穂浪士《あこうろうし》の討ち入り前夜に、大石内蔵助が、四十七士に牛玉宝印に署名させたことでも知られる。また現代でも、小泉内閣による二〇〇五年の郵政民営化の際、自民党の亀井静香をはじめとする民営化反対派議員は、国会での決議に際して必ず反対票を投じるという誓約を、牛玉宝印札に署名して投票に臨んだという。

弘前藩ではこの牛玉宝印が、江戸時代に、藩政と関わって重要な役割を果たした。正月に、藩主に対して、家老をはじめとする重臣クラスから女中までが、心に裏表なく孝行する、職務において後ろめたいことはしない、規則を守る、日頃の心がけを忘れず不義を企てたり、派閥を作って藩主以外と盟約を結んだりしない、といった事柄を誓約したのである。

　七日堂祭の牛玉宝印札は、現在は豊作の願いを込めた札として使われている。かつては藩政とも関わる公的な役割を果たしたものが、現代では、地域の農耕と関わる民俗行事の中に生き続けているのである。

図14　（左）牛玉宝印の版木（岩木山神社蔵）／（右）津軽藩有力家臣喜多村監物の牛玉宝印を使った誓詞（弘前市立弘前図書館蔵津軽家文書）

　七日堂祭を伝える神社のうち鬼神社の「鬼」は、地域の水田開発と深く関わっている。近隣の赤倉山の鬼が、鬼沢の人々が旱魃《かんばつ》に苦しむ様子を見かねて灌漑《かんがい》工事を行った。工事には、その場所から採取した鉄で作った鍬《くわ》を使い、鬼は一夜にして堰《せき》（水路）を造り、水田に水を引いた。こうして農民は水田耕作ができるようになった。村人は喜び、この堰を「鬼神堰《きじんせき》」「逆《さか》堰《させき》」と呼んで鬼に感謝した。鬼神社は、鬼の使った鉄の鍬の刃と蓑笠を御神体として祀り、建立したという。鬼神社の社殿には、現在も大きな鉄の農具が奉納されている。
　とはいえ、寒冷地である東北は、江戸時代にしばしば凶作と飢饉に見舞われ苦しんだ。こうしたなか、津軽で起こった最大の暴動が、一八一三（文化一〇）年九月の「藤田民次郎《たみじろう》の一

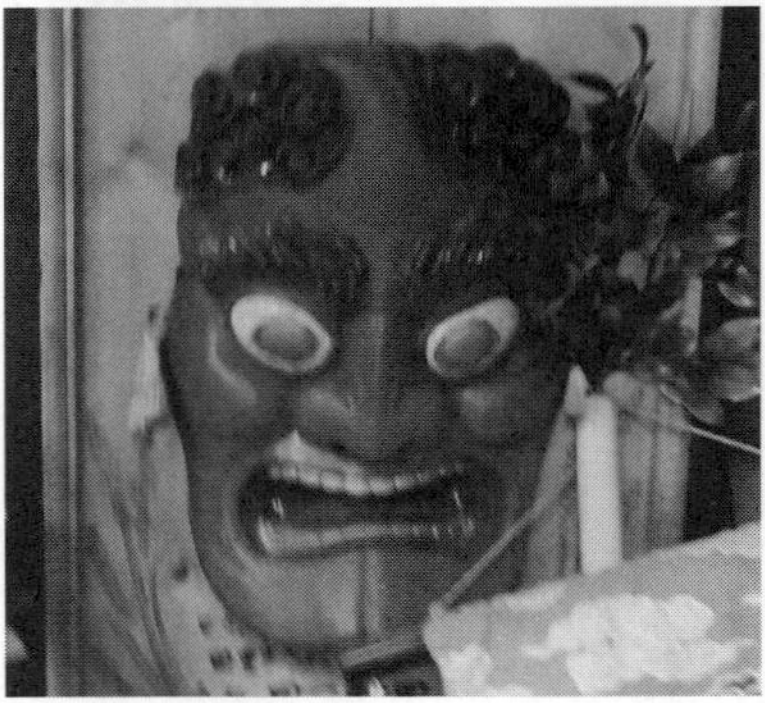
図15（上）　鬼神社社殿（著者撮影）
図16（中）　社殿正面に奉納されている鉄の農具（著者撮影）
図17（下）　社殿内に奉納されている鬼面（著者撮影）

揆」であった。この一揆の原因は凶作だけではなく、日本の置かれた国際情勢にあるとも考えられている。

　欧米の列強が日本に進出するなか、ロシア艦隊は北方からの日本侵攻を企て、幕府は蝦《え》夷《ぞ》地（北海道）の警護を増強して対抗し、その一環として津軽藩は蝦夷地に出兵した。一八〇八（文化五）年、津軽藩はこの功績により幕府から一〇万石への昇格を認められた。

これは一見、藩勢の増強のようだが、実は幕府がより多大な財政負担を求め、増収に応じた年貢を納めさせるためで、その負担は農民への増税として重くのしかかったのである。

こうした状況下で、民次郎は百姓二〇〇〇人とともに一揆を起こしたのだった。一揆はただちに鎮圧され、民次郎は斬首の刑を受けるが、農民に対しては年貢の減免などの対応が行われた。民次郎は一揆を起こすにあたって鬼神社に祈願したという。鬼神社は、地域統治の要《かなめ》であると同時に、稲作の豊穣を祈願する神社として農民から厚く信仰されていた。民次郎は悲壮な決意と覚悟でそこに祈願したのだろう。この一揆は、地域において「民次郎の一揆」として語り伝えられている。

民次郎の一揆を契機として、修正会である七日堂の祭りは停止されたという。鬼神社は七日堂祭をはじめ一年の行事の折々に農民が参集する場所であるが、領主がそうした折に一揆などの謀議を行うことを恐れたのではないかと推測される。

†日本の水田開発

比較的広大な平野ばかりでなく、山間の谷間の水田や棚田と伝統的な民家は、日本らしい里の風景としてしばしば紹介される。

稲を陸稲《りくとう》ではなく、連作障害の起こらない水田によって耕作することは、人類史上の大きな発明であった。どのような生業にもそれぞれにたいへんな労苦があるが、かつての農耕は、腰を屈めての種まき・雑草取り・収穫や、日照り・水害、虫害との戦いなどをともなう重労働であり、しかも、けっして安定した収穫が保障されるものではなかった。その後、虫害を防ぐために鯨油《げいゆ》を使うことなどが江戸時代に考案され、さらに化学薬品による農薬が普及した現代では、水さえ確保できればほぼ豊作はまちがいない。

水田開発には、水を安定的に保水するための整地や川から水を引く水路作りなどの、高度な土木の知識と技術が必要とされた。また保水のために崩れたあぜを直し、モグラの通り道を塞いで水漏れを防ぐ「畔塗《あぜぬ》り」や、日々の雑草取りをはじめ、メンテナンスにも恒常的な労を必要とした。

「農閑期《のうかんき》」という言葉がある。春の種まきから秋の収穫を除いた期間は、農作業がほとんどなく、ゆとりのある期間としてしばしば説明される。全国各地の農村を調査する私でも、そうしたイメージを抱きがちであった。しかしながら、稲作農家の一年の中で「閑《ひま》」な時期などないと、農家の方からお叱りを受けることも少なくない。

島根県・岡山県と境を接する標高四〇〇～五〇〇メートルの広島県の庄原《しょうばら》は、早乙女《さおとめ》による伝統的な田植えや神楽《かぐら》が伝承される地域である。この地域では戦後一九七〇年頃まで、村人全員ではないが、男性が神楽社中を編成し、冬の間、鳥取・岡山を含む広域を巡業した。その興行収入も家計を支える上で大きかった。

父親が神楽巡業をする間、家には母親と子ども、曾祖母が残ることになる。家庭では、冬の間、農耕のための牛馬の世話、一年分のわらじや莚《むしろ》を、囲炉裏端《いろりばた》で来る日も来る日も綯《な》ったものだったという。

これを語ってくれたのは、六十〜七十代の高齢者たちである。父親の巡業の苦労は知る由《よし》もなく、母親をはじめ家族を残して巡業に出る父親を恨めしく思い、懐かしさと恨めしさの半々くらいの気持ちで子どもの頃を思い出すという。

また日本の水田では秋の収穫後に水を抜くが、そこに麦を植え春に収穫することも一般的であった。その麦の収穫後には、種籾の発芽、苗作り、田植えといった作業が待っており、秋に稲を収穫したら農閑の期間になるわけではないことがわかる。

それほど昔ではない充分記憶に残っている時代まで、こうした農家の生活は続いていたのである。稲作の村落では、田畑に出ない時期はあっても、一年を通じて日々休みなく仕事を続けなくてはならなかった。

古代以来、寺社が主導して水田を開くための地域開発を行い、豊穣祈願として年頭の宗教儀礼を行った例として、九州国東半島と東北津軽の寺社と地域の歴史を中心に考えてきた。仏教が日本人に影響を与えたのは、葬式や法事、盆行事など、また祖霊観や浄土・地獄などの他界観だけではない。現在では「主食」として日常食にまでなった米の水田開発においても、集落の寺院は神社とともに大きな役割を担ったのであり、日本の里の景観は、多大な労苦をともなう長期にわたる開墾、干拓によって形成されたのである。

水田の広がる里の景観は単なる自然ではない、社寺の儀礼やその歴史とも関わる歴史的・社会的・文化的景観なのだ。外来の宗教である仏教は、自然にはたらきかけ、地域の生業や村落組織といった共同体の形成の上だけでなく、日本全体における村落単位の社会組織の形成の上でも大きな役割を果たしたのである。

第Ⅰ部結び

第Ⅰ部では、鎮護国家の祈願のために古代に移入された仏教が天皇と結びついて、国家統治のイデオロギーとして機能したことを説いた。また、五穀豊穣、特に稲作祈願の場となった寺院が、領主とともにしばしば地域統治の上で大きな役割を果たし、水田の広がる里の景観を形成する原動力となるなど、社会形成や村落統治に深く関与した側面を照射した。

ところで、日本には各地域に多くの神社が見られ、神棚を備える家も少なくない。仏教が伝えられ寺院が建てられても、神祇信仰が排除されることはなかったが、神と仏、神社と寺院とはどのように併存し得たのであろうか。

また、極楽浄土や地獄など、日本人の多くが持つ仏教に由来する他界観は、どのように日本人に内在化され、日本文化となっていったのだろうか。次の第Ⅱ部では、こうした仏教の文化的側面や庶民仏教への展開について、古代から中世の歴史を辿りつつ考えたい。

Ⅱ 浄土への希求、国難と仏教・神道【中世】

第三章　民衆の仏教への変容

1　平安京と都市祭礼の誕生

†御霊信仰と御霊会

奈良時代、大晦日に宮廷で行われた中国起源の追儺《ついな》は、病気への対処として大きな役割を担った。第二章で見たように、現代の節分の起源ともなる年末の追儺（「儺」は鬼のこと）は陰陽師が担当したが、平安中期以降には、寺院の年頭行事である修正会《しゅしょうえ》・修二会《しゅにえ》において行われるようになる。

一方、より強大な律令国家をつくるべく、桓武《かんむ》天皇が平安京に遷都をした七九四（延暦一三）年以降、一世紀を経ずして都では、夏にしばしば病気が大流行するようになった。

人口の急激な増大に対して充分な屎尿《しにょう》処理、下水管理などの設備がなかったことが大きな原因だった。それにより、腐敗の進みやすい夏季に疫病が頻発するようになったのである。科学的な知識のない時代には、病気の原因を疫鬼《えきき》の仕業《しわざ》と考えたが、その疫鬼を特定の人物の怨霊と認識したのは、それ以前には見られないことであった。

藤原氏が他氏を排斥しながら政権を掌握していく過程で、配流の刑に処せられて平安京の外で他界した貴族たちが、怨恨《えんこん》のあまり疫神《えきじん》となって洛中に侵入してきたものと考えられるようになったのである。疫神となったのは、貴族や皇族などの貴種の死霊で、「御霊《ごりょう》」の名で呼ばれた。例えば『日本三代実録』八六三（貞観五）年五月二十日条に、こうした信仰を明確に見ることができる。

所謂《いはゆる》御霊《ごりょう》とは、崇道《すだう》天皇（早良）・伊予《いよ》親王《しんのう》・藤原夫人《ふじわらのぶにん》、及《およ》び観察使（藤原仲成カ）・橘逸勢《たちばなのはやなり》・文屋宮田麻《ふんやのみやたま》呂《ろ》等、是なり、並びに事に坐《つらな》りて誅《つみ》せられ、冤魂《ゑんこん》、癘《えやみ》を成す、近代以来、疫《え》病《やみ》繁《しき》りに発《おこ》りて、死亡するもの甚《はなは》だ衆《おほ》し、天下以為《おもへ》らく、此《こ》の災は御霊の生《な》す所なりと

本条に記されるように、「崇道天皇」以下五名が御霊となって病気を流行らせていると考えられた。これに対して行われたのが「御霊会《ごりょうえ》」という新たな祭儀であった。その内容

図18　祇園御霊会『年中行事絵巻』（『日本の絵巻』８巻、中央公論社より）

は、読経して仏に礼拝したり、相撲・歌舞・騎射《きしゃ》を演じたりと、特に定まった方式があるわけではなかった。とにかく疫神たる御霊を慰撫《いぶ》して、なんとかその怨み・祟りを鎮めようとあれこれ試みたのであった。

京洛ではその後もしばしば疫病の流行に悩まされた。『本朝世紀』九九四（正暦五）年六月二七日条の記事には、疫神に対処する行事の呼称として「御霊会《ごりょうえ》」の名を用いていること、また御霊を神《み》輿《こし》に迎えて儀礼を行っていることが記されており、新たな信仰と祭儀が誕生した記事として注目される。

この一〇日ほど前の一六日条には、貴族から庶民に至るまで京中の男女が門戸を閉ざして、往来には人がまったく見られないという異常な状況がつづられている。

そして二七日には、木工寮《もくりょう》・修理職《しゅりしき》が神輿《みこし》二基を作り、ここに疫神を迎えて「御霊会」を修《しゅ》した。木工寮・修理職とは、主に宮殿の造営、修築を管轄する役所で、ここに神輿の製作を命じたのであった。

御霊への対処としてここで注目されるのは、これが「北野船岡《ふなおか》」の地で行われたことである。内裏《だいり》北方のこの地は、京洛において野辺《のべ》送りをして葬送が行われた場所であり、死霊を他界へと送り出す地であった。すなわち疫神たる御霊を、京洛の外へ退散させようという目的のもとに、ここで本儀礼が修されたわけである。

この儀礼の内容として特筆すべきなのは、まず僧侶により神輿の前で、護国の経典『仁《にん》王経《のうぎょう》』の講釈が行われたこと、神輿に迎えた霊前で仏事が行われたことである。行事の様子全体からは、仏教式の葬儀や供養とはいえないものの、寺院で仏に国家の鎮護を祈願するのとは明確に異なる、寺院以外の場所での仏教儀礼が試みられていたことがわかる。

続いて、宮中の楽人により音楽が奏されるが、ここに都の数千人もの人々が競うようにして参集し、御霊を慰撫しようと神輿の前に幣帛を捧げたとある。彼らは単に見物に訪れたわけではない。こうした国家儀礼が、大挙して参集する民衆とともに行われるようになっていたのである。

これらの行事の後、神輿は大坂まで運ばれて、難波の海に流された。御霊が二度と還ってくることがないよう念を入れて祭儀を執行したのである。現在、盆行事の際に、他界より帰ってきたご先祖に供えたナスやキュウリを川に流したり、海に燈籠《とうろう》を流したり、あるいは送り火をしたりする。これは、盆の終わりにご先祖に他界に帰ってもらうための行事であり、神仏が住む異界は山や山の彼方《かなた》、海の彼方にあるといった信仰による習俗なのである。神輿を海に流すことにも、国家儀礼とはいえ、民俗的な信仰が基底にあったことがわかる。

こうした作法と仏教儀礼や宮廷の楽人による奏楽とが組み合わされていることから、この御霊会の行事は、外来の宗教儀礼の民俗的な展開として理解することもできる。

また注目されるのは、朝廷が招請した僧侶による仏事が行われているにもかかわらず、「公家（＝朝廷）の定《さだめ》に非ず、都人《みやこびと》蜂起して、勤修《ごんしゅ》す也《なり》」と記されているように、都の民衆が自発的に大挙しておしよせるなかで儀礼が執り行われたことである。人々がいかにこの祭儀に期待し、それを支持していたかがわかる。ここに、人々が熱狂するような、神輿が巡行《じゅんこう》する夏の祭礼の始まりを見ることができるのである。

✝牛頭天王の信仰から祇園祭へ

平安時代、疫神を御霊と考える信仰とともに、祇園牛頭《ぎおんごず》天王という仏教の神霊に対する信仰が広まっていく。

『辟邪絵《へきじやえ》』（図19）には、牛頭天王をはじめとする疫鬼を、より強い神霊でやはり恐ろしい鬼を思わせる姿の「天刑星《てんげしょう》」がとって喰らい、退治する様子が描かれている。この天刑星は、道教において木星が神霊となった姿である。やがてこの天刑星が牛頭天王として認識されるようになり、牛頭天王は病気をもたらす疫鬼から転じて、疫鬼を退治し、除去する神霊として信仰されるようになってゆく。

都においてこの牛頭天王を祀ったのは祇園社＝八坂神社で、牛頭天王を祀る祇園御霊会《ぎおんごりょうえ》が疫病除却の行事として定着した。牛頭天王は、祇園社の祭神素戔嗚尊《スサノオノミコト》と一体の神霊として信仰されるようにもなる。こうした変遷を経て、祇園牛頭天王＝素戔嗚尊である祭神を神輿に迎えて、祇園社を出発し京都の町を巡る祇園御霊会、現代に続く祇園祭《ぎおんまつり》が形成されていったのである。

図19 『辟邪絵』（「地獄草紙益田家乙本」奈良国立博物館蔵）

中世、町衆による山鉾の祭りへ

現代の祇園祭で、多くの観光客がめあてに訪れるのは、神輿よりもむしろ「山鉾《やまぼこ》」と呼ばれる山車《だし》である。山鉾の名は、長刀鉾《なぎなたぼこ》のように鉾が聳《そび》え立っている特徴に基づく呼称である。現代に伝承される山鉾の原形ができたのは室町頃、京都の「町衆《まちしゅう》」と呼ばれる商工を営む人々の経済力によるところが大きかった。室町中期の『尺素往来《せきそおうらい》』（伝一条兼良《いちじょうかねら》撰）には「祇園御霊会、今年は殊《こと》に結構、山崎の定鉾、大舎人《おおとねり》の鵲《かささぎ》鉾」と記されているが、この「山崎」とは、離宮八幡の油屋、「大舎人」は西陣織の機業《きぎょう》のもととなる大舎人座のことである。

応仁の乱の間、祇園御霊会は三〇年ほど中絶し、一五〇〇（明応九）年に再開される。その復興は町衆の尽力や経済力によるところが大きく、趣向を凝らした作り物の乗る山鉾が町を単位として出されるようになった。

各町の山鉾についてみると、故事や物語に基づくさまざまな作り物を見ることができる。華麗な装飾・作り物や、賑々《にぎにぎ》しい囃子《はやし》などは、当時「風流《ふりゅう》」という言葉で表現された。風流は、その華麗さや奇抜さで耳目《じもく》を驚かすことにその神髄があった。現在の「風流《ふうりゅう》」という言葉からは侘《わ》び・寂《さ》びを感じさせる風雅なイメージを喚起されるが、茶道や俳句など日本らしいとされる文化の多くは、華麗な段階の「風流《ふりゅう》」を経て風雅な「風流《ふうりゅう》」の文化へと展開していったのである。

狂言『鬮罪人《くじざいにん》』は、祇園会《ぎおんえ》のために町衆が、作り物の趣向について相談する様子を劇化したものである。議論の末、地獄を現す大きな山が裾野まで作られ、山裾に落とされた罪人を鬼が「登れ登れ」と責め立てるといった様子を、太鼓・笛・鉦《かね》の音で囃《はや》して演出する、といった奇抜なものであった。鬼と罪人、囃子の役も決まり、練習が始められる。狂言の劇中で芝居が演じられるといった趣向も斬新であった。

現代に継承される町衆の鉾山としては、「長刀鉾《なぎなた》」のように疫神退散のためのものもあるが、「橋弁慶山」「保昌山《ほうしょうやま》」「岩戸山」「役行者山《えんのぎょうじゃ》」「函谷鉾《かんこく》」「白楽天山《はくらくてん》」のように日本・中国の物語、伝説にちなんだ作り物が出されるようになる。

これらは、当時の新興芸術であった能楽の題材と共通するものが多く、町衆の教養の高さを示すものである。疫神・御霊の退散といった信仰から発した風流が、意匠を凝らした我が国の造形美術の一つの頂点として完成を見たのである。

†熱狂の夏祭り

神輿と山車がセットになる夏の疫病退散の祭りは、江戸時代に全国の八坂神社・祇園社に伝わり、夏祭りの典型となった。

愛知県津島の天王祭《てんのう》のように「天王祭」の名で呼ばれる夏祭りも多い。これは、牛頭天王を祭神として祈願する祭礼である。八坂神社のように日本神話の素戔嗚尊《すさのおのみこと》をより強く信仰する例も多いが、疫病退散を願う祭礼である点は共通している。牛頭天王は仏教系の神霊である。また、祇園社には当時、僧侶も住して仏教行事を行っており、寺院と一体化した神社であった。当時はこうした例は珍しくなく、例えば鶴岡八幡宮にも僧侶が常住し、仏教儀礼が行われていた。

全国各地の夏祭りは、京都祇園御霊会を手本として、成田山新勝寺《しんしょうじ》の祇園祭、佐原《さわら》の祇園祭など、神話にちなむ人形を山車に載せる祭礼も日本各地で見られる。

近世に全国に展開した夏祭りは山車の華麗さなど、風流《ふりゅう》を競うものが多い。その代表的な例が博多祇園山笠《ぎおんやまかさ》である。山笠と呼ばれる作り物には一〇メートルを超えるものもある「飾り山笠」と、高さ三メートルまでの「舁《か》き山」の二種類がある。

もともと両者の区別はなかったが、明治の近代化により電線や路面電車の架線が町中に張り巡らされるようになり、小型の「舁き山」が作られるようになった。舁き山が町なかを疾走するときには、沿道からは「勢《きお》い水」と呼ばれる水が豪快に振り撒かれる。これは舁き手たちに気合いを入れると同時に、熱気を冷ます水といわれ、舁き手と路面はもちろん、見物人もびしょ濡れになる。博多祇園の特色を示す象徴的なシーンである。

各地の祇園祭・天王祭における山車の巡行には、笛や太鼓のお囃子をともなう娯楽性の強い行事が多い。一方、病気をもたらす疫神除去のために平安時代の御霊会が難波の海に流されたように、神輿が川や海に入る例も少なくない。江ノ島の祇園祭や、津島天王祭

（愛知県）、富岡の祇園船《ぎおんぶね》（横浜市富岡八幡宮）が、こうした祇園祭の代表である。

なかでも、能登半島宇出津《うしつ》にある八坂神社のあばれ祭《まつり》（図20）では、神輿が海や川に投げ込まれるだけでなく、神幸《しんこう》の途中に火中に投げ込まれるなど、暴力的といっていいほどの扱いを受ける。

✝能登半島 宇出津のあばれ祭

あばれ祭は、能登半島に多く分布する、長大な箱型の燈籠が舁かれるキリコの祭りの一つで、主に七～九月に行われる。そのなかで宇出津の祭礼はもっとも早く、疫病を祓う祇園祭として、七月七日、八日両日に行われる（現在は七月第一週の金、土曜日）。

二基の神輿がそれぞれ酒垂《さかだり》神社の氏子と白山神社の氏子とによって舁がれ、七日早朝から町内を巡行する。八坂神社への還御《かんぎょ》までの途中に、これを舁く若者たち、氏子自身によって損壊される。

道々、神輿は地面に叩きつけられて転がされ、あるいは梶川《かじかわ》や大平川に落とされ、さらに海に落とされる。ようやく八坂神社に到達すると、今度は境内で火中に投げ込まれる。そうした折々、一際大きな歓声が上がり、怒号が飛び交い、熱狂はさらに激しさを増す。神輿は一面黒焦げとなって損傷し、屋根も破損してほとんど剥がれ落ちた状態で八坂神社へ還御《かんぎょ》する。こうすることこそが神慮《しんりょ》にかなうことだという。神輿＝神霊に対するこうしたいかにも手荒な働きかけが祈願の作法なのである。

この祭礼は、近世前期、寛文年間（一六六一～七三）に悪病が流行した際に、京都祇園社から牛頭天王を勧請《かんじょう》して始めたものと伝えられる。神輿が破壊されつつ巡行するこうした光景は、江戸期以来のものであったようである。一九二三（大正一二）年に刊行された『石川県鳳至《ふげし》郡誌』には、次のような様子が記されている。

図20　能登・宇出津「あばれ祭」。神輿と舁き手は太平川に入り、松明から降り注ぐ火の粉をあびる（著者撮影）

神輿は舁き手も定まらず、町内では富家から富家へと巡り、舁き手は勧められるがままに酒を飲み、さらに隣の町、次の町へと運ばれ、ときには自由に町内を練り回っている。

放置される。すると、その家や周囲の氏子らが次の家、隣の町へと運んでいき、その一方で、キリコが必ずしも神輿に随行するわけでもなく、自由に町内を練り回っている。

現在では考えられないような野放図さがうかがわれるが、区域内をくまなく廻って災厄を集約し、共同体の外へ順次送っていく虫送り、人形送り、あるいは形代《かたしろ》送り的な性格を認めることができよう。

町内全体が熱狂の坩堝《るつぼ》と化す中、神霊が災厄を吸収しつつ、神社へ還ってゆく神輿《みこし》渡御《とぎょ》の行事として行われる点など、興味は尽きない。

2 浄土への願い

†浄土信仰への目覚め

平安時代、最澄《さいちょう》によって唐から新しい仏教として天台思想がもたらされた。最澄は比叡山に延暦寺を建立し、天台宗が開かれる。やや遅れて、空海《くうかい》によって密教がもたらされる。空海は真言宗を開き、都に東寺を建立した。密教は呪術的な言葉であるマントラ＝真言を使い、両手の指をさまざまに組み、結んで印を作り、あるいは護摩《ごま》焚きを行って、祈雨《きう》や病気治癒、安産の祈禱《きとう》、ときには人を呪い殺す呪詛《じゅそ》や調伏《ちょうぶく》を行う呪術仏教であった。こうした点で、密教は奈良の仏教や天台宗が学問の仏教であったのとは決定的に異なるものの、天皇を頂点とする鎮護国家のための仏教であった点では共通している。

この時点で、多くの日本人になじみの深い浄土宗（法然）・浄土真宗（親鸞）・時宗（一遍）、日蓮宗（日蓮）などの宗派はまだなかった。これらは鎌倉時代前期に、民衆により近い仏教として成立するが、その萌芽といえる思想が、平安時代中期、藤原道長が権勢を誇った時代に隆盛する。

その大きな画期となったのが、比叡山の高僧、恵心僧都源信《えしんそうずげんしん》の登場であった。源信は、九八五（寛和元）年に『往生要集《おうじょうようしゅう》』を著し、叫喚《きょうかん》地獄・焦熱《しょうねつ》地獄・無間《むげん》地獄などの、地獄の激烈な様相を見てきたかのように具体的に記述した。『往生要集』の、現世を穢れた世界として厭《いと》い離れ、来世の浄土を希求する「厭離穢土《おんりえど》、欣求《ごんぐ》浄土」の思想は庶民にまで広がり、その後の日本人の精神や他界の観念に決定的な影響を与えた。

こうした浄土信仰は、浄土や地獄についての説話を生み出しただけでなく、美術や建築にも大きな影響を与えた。中近世の「熊野参詣曼荼羅《さんけいまんだら》」や「熊野観心十界図《かんしんじっかいず》」「立山曼荼羅《たてやままんだら》」など数々の地獄・極楽図などの美術作品が挙げられる。建築、庭園としてよく知られているのは、藤原頼通《よりみち》による宇治平等院阿弥陀堂（現鳳凰堂《ほうおうどう》）やその浄土式庭園である（一〇五三〔天喜元〕年）。平等院の鳳凰堂は一〇円玉にも刻印されており、私たちは日々を平等院の浄土の世界とともに過ごしていることになる。

このような時代に、鎮護国家のための古代仏教の寺院――奈良の法隆寺・東大寺・薬師寺や京洛（周辺）の延暦寺・園城寺・東寺など――とは異なる新たなタイプの寺院が建立されていることにも目が向けられる。

一〇〇五（寛弘二）年、藤原道長が木幡《こはた》に浄妙寺《じょうみょうじ》を建立する。木幡は父兼家《かねいえ》や、母時姫《ときひめ》の墓所があった地であり、一族を弔う菩提寺《ぼだいじ》としてここに本寺が建てられたのであった（栗原二〇〇五参照）。藤原氏には、氏寺《うじでら》として奈良に興福寺があった。その長官たる別当《べっとう》は門跡《もんぜき》として藤原摂関家より選任される慣例が古代より近世まで続き、国家と藤原家の繁栄を祈願する寺院として最重要の地位を保ち続けた。この氏寺とは別に一族の菩提を弔う寺院が必要とされるに至ったのである。

こうして、我々を浄土へと導く阿弥陀信仰の高まりと、その帰依《きえ》の気持ちを声に出して表現する「南無阿弥陀仏」の名号《みょうごう》を唱える念仏の実践が急激に拡大していったのである。

✝民衆の阿弥陀・浄土信仰の起源も中国仏教

こうした浄土信仰は、比叡山を拠点とする天台教学、思想から生みだされた日本独自の仏教の展開のようにしばしば説明される。しかしながら、唐代には日本に一世紀以上先立って、民衆の間に、阿弥陀仏と結びつく浄土信仰が高まっていた。

唐において、庶民を対象として行われていた仏教儀礼の一つに、浄土五会《ごえ》念仏がある。

『宋高僧伝』二一「唐五台山《ごだいさん》竹林寺法照《ほうしょう》伝」には、唐代の僧侶法照《ほうしょう》が七六七（大暦二）年に南岳《なんがく》弥陀《みだ》台般舟道場《だいはんじゅうどうじょう》で九〇日の念仏三昧《ざんまい》を修しているときに禅定《ぜんじょう》の境地に入り、阿弥陀如来より五会念仏を授けられた。その三年後に山西省の五台山に竹林寺を建立して、これを広めたと伝えられている。

この念仏が興味深いのは、浄土の教えを説く『無量寿経《むりょうじゅきょう》』を根拠として「清風、時に五会音声《おんじょう》を発出し、微・妙・宮・商、自然に相い和す」こと、すなわち、浄土における宝樹《ほうじゅ》が清風にそよぐときの宮・商の音（宮・商・角・微・羽の五音階のうちの二音）が和する音声が念仏の理想とされる、と述べられていることである。

法照は『浄土五会念仏略法事儀讃《りゃくほうじぎさん》』を著し、念仏を五音階の曲調にのせて修する五会念仏の行儀作法を述べている。五会念仏では、第一会《え》から第五会までの各段階で「阿弥陀仏」の仏号が唱えられた。その念仏では、音階まで具体的な音声が規定されて、そうした旋律豊かな唱和によって浄土の世界を眼前に現出させることが目指されていたのである。

唐代には、僧侶を対象とする経典についての講義「僧講《そうこう》」とは別に、民衆に内容をわかりやすく説く「俗講《ぞくこう》」と呼ばれる儀礼が盛んに行われた。そうした儀礼で唱導を行う役の僧侶「唱導師《しょうどうし》」は「声・弁・才・博」の四技能を備えていることが理想であり、中には八能（義・導・書・詩・弁・貌・声・棊）を備えた唱導師もいた。

この時代には、経文の文字だけの世界を超えて、敦煌《とんこう》の莫高窟《ばっこうくつ》の仏教絵画「浄土変相《へんそう》図《ず》」が示しているように、多くの仏の住む浄土の世界として、花が咲き乱れ、極楽鳥が飛翔し、芳香に充ち、妙《たえ》なる音楽が響きわたる他界が具体的にイメージされるようになっていたのである。

日本での浄土信仰の高まりと広がりも、唐代の流行やその影響とともに考える必要がある。仏教を受容した国々、特に漢字仏教圏である大陸や半島との比較は重要であろう。

†一遍上人――仏教の価格破壊

鎌倉時代、阿弥陀仏の信仰とともに、念仏を重視して「阿弥陀仏」の仏号を唱えることを勧める浄土宗（開祖法然〔一一三三～一二一二年〕）や浄土真宗（開祖親鸞〔一一七三～一二六二年〕）が開かれる。浄土宗は日々の念仏が往生《おうじょう》への道であると説いた。また浄土真宗は阿弥陀仏の力を絶対として、結果や運命を仏に委ねる「他力本願」を説き、信徒を拡大させた。

法然・親鸞の次世代の一遍（一二三九～八九年）も念仏を説いて、民衆に仏教を広めるうえで大きな力を尽くした。

一遍は「遊行上人《ゆぎょうしょうにん》」と呼ばれたように、弟子や、彼の教えに共感して入信した信徒とともに人生の大半を旅に過ごし、念仏を説いて諸国を巡った。一遍は神祇信仰にも篤く、その途中で多くの神社にも参拝した。一遍の布教の方法で特徴的なのは「賦算《ふさん》」と呼ばれる、札《ふだ》を授与して、念仏を説くことであった。

一遍は、一二七四(文永一一)年、熊野参詣の途中で、だれ彼問わず布教するのは良いことなのだろうかと悩んでいた。そうした折、熊野の山中で熊野《くまの》権現《ごんげん》より啓示を受ける。この熊野権現は実は阿弥陀仏の化身であったが、「信・不信を選ばず、浄《じょう》・不浄《ふじょう》をきらはず」札を配るように、との啓示を授けたのであった。

「南無阿弥陀仏 六十万人決定《けつじょう》往生」と書かれた一遍の札は、それまでの札の概念を覆すものだった。寺院で刷られた、仏や宝珠の朱などの捺された当時の札はA3〜A2ほどの大きなもので、寺院の行事の折に布施や寄進をした貴族のみに授与されるものであった。

これに対して一遍の札は、旅で持ち運ぶ便もあったが二×一〇センチメートルほどの、現代の附箋《ふせん》のような小さなものであった。紙が贈答品としても珍重《ちんちょう》される貴重品だった時代に、小さくすることによって枚数をたくさん刷り、より多くの人々に配ることを目指したのだった。この方法は「仏教の価格破壊」とも言い得るもので、貴族のための教えであった仏教が、一般民衆に広まる大きな力となった。

さらに一遍の教えが革新的だったのは、熊野権現の啓示に従って「不浄」の人々にも布教を行ったことである。「不浄」とは当時の言葉で「穢れ《けが》」とも表現された。さまざまな穢れの中で代表的なのは「黒《くろ》不浄」「赤《あか》不浄」である。それぞれ、死体や血に触れることにより生ずる穢れである。また、動物の殺生《せっしょう》をともなう鎧《よろい》や皮衣《かわごろも》のための皮革の細工を行う職人、あるいは犯罪も穢れと考えられたことから罪人も穢れとみなされた。古代・中世の「穢れ」観は後の士農工商、穢多・非人身分制にもつながり、こうした「穢れ」た人々が、「穢多《えた》・非人《ひにん》」の身分に固定されることになってゆく。ちなみに「穢多」の字があてられる「エタ」の語源は不明であるが、この漢字は、当時の日本人の考えをよく反映している。

弘安七（一二八四）年秋、一遍は、京都の桂《かつら》から、七、八人の「あやしき男」の導きのままに観音を本尊とする穴生寺《あなおじ》に赴いた。その際、狩猟・漁撈民や殺生を行う皮革細工などを業とする「異類異形《いるいいぎょう》」の者たちが少なからず集まってきた。『一遍上人絵伝』は彼らについて、

この様にては仏法帰依の心あるべしとも見えざりけるが（巻八、一段）
（このような生業《なりわい》の人々が仏法に帰依しようという気持ちがあるようには見えなかったが）

と述べるが、これは当時の大方の認識であったろう。しかし一遍は、こうした者たちをも差別せず、彼ら「異類異形」の人々は「掌を合わせて皆、念仏受け」たのであった。

浄土三部経の一つ『大無量寿経《だいむりょうじゅきょう》』には「清浄《しょうじょう》にして戒《かい》をたもてし者は、すなはち正法《しょうぼう》を聞くことを獲《え》」、「斎戒清浄《さいかいしょうじょう》なること、一日一夜すれば、無量寿国に在りて、善をなすこと百歳するに勝《まさ》れたり」と説かれるように、浄土思想においても、奈良・平安時代の仏教と同様に戒律を守り清浄を保つことが求められていた。しかしながら一遍は、生業としての殺生はやむを得ないとして、彼らにも阿弥陀仏への結縁《けちえん》への道を開いたのであった。

このように見ていくと、一遍の布教の姿勢が、いかに当時の通念を超えた信念に基づいたものであったかが理解されよう。一遍は熊野権現の啓示を忠実に守り、不浄とされる生業の者にも札を授けたのだった。のみならず、彼らをともなっての遊行《ゆぎょう》は、平等利益《りやく》の仏教の精神に基づくものとはいえ、穢に対する畏怖の強かった当時の日本のなかで、革命的な実践であったというべきであろう。

†念仏踊りから風流踊り、盆踊りへ

日本における舞踊・ダンスを系統的に見た場合、「舞い」と「踊り」との二系統に分けて考えることができる。

記紀神話における、アメノウズメの神憑《かみがか》りの神楽《かぐら》は我が国の舞踊のもっとも古い記述で、「舞い」によって表現された。「舞ふ」を再活用させると「回《まわ》る」となる。「舞ふ」とは神憑りの状態になって、旋回運動をする身体表現だった。人形芝居のことを「人形回し」と呼ぶことがあるが、これは本来人形に神霊を憑り付けて「舞（回）わす」儀礼なのであった。

これに対して「踊り」は、「欣喜雀躍《きんきじやくやく》」といった表現の通り、喜び・興奮の状態の中で飛び跳ねる状態を意味する言葉である。

芸能の歴史上、この「踊り」が大きく登場してくるのが、民衆布教のために「南無阿弥陀仏」の札《ふだ》配りを行った一遍上人の「念仏踊り」であった。念仏踊りは、一遍の思慕した、平安時代の念仏僧空也《くうや》上人に倣《なら》ったもので、仏教への帰依の喜びを「南無阿弥陀仏」の仏号を唱えながら「踊り」によって表現したのであった。

仏道とはひたすら心を澄まして修行に励むものとする立場から、特に奈良・京都の伝統仏教の側から強い批判があった。これに対して、一遍は次のような歌を詠んで答えている。

跳ねば跳ねよ　踊らば踊れ　春駒《はるこま》の　法《のり》の道をば　知る人ぞ知る

仏教に帰依する気持ちの喜びから、春の野に遊ぶ若い馬のようにおのずと身体が跳ねずにはいられなくなるのである、といった意味の、念仏踊りの精神の本質を端的に表現した歌である。『一遍上人絵伝』には、櫓《やぐら》様の踊り屋を設けて、帰依する民衆とともに踊った様子が描かれており、実際の念仏踊りの様子がうかがわれる。

この念仏踊りはたちまちにして全国に波及し、村落単位で行われるようになり、室町時代には、「風流《ふりゅう》踊り」として展開した。「念仏」の唱え言は恋の内容の踊り歌に変わり、華やかな衣装や、花笠を着けるようになり、さらに燈籠や作り物が出されるようになる。作り物は、弁慶と義経の奥州下向の様《さま》をはじめ、当時人気の軍記や説話を題材としたものが多く、その趣向を競い合った。これをもっとも規模を大きくしたのが青森県の「ねぶた」である。ねぶたは現在、張子《はりこ》による巨大な人形が出されるが、このようなかたちになったのは明治時代以降である。東北の習俗を記した『奥民図彙《おうみんずい》』により、江戸時代には箱型の燈籠であったことがわかる。青森や弘前の商工民の経済力を背景として、張子製作の技術の進歩により、現在のような大きさ、かたちへと発展し、現在に継承されているのである（本書終章参照）。

室町時代の風流踊りは、その後、盂蘭盆《うらぼん》行事の際に祖霊を迎える盆踊りとして村落に定着していくが、都においては、奇抜な衣装や装身具などを身に着ける「バサラ」「かぶき」などと呼ばれる風俗と結びついて、さらなる展開を遂げる。

†阿国のかぶき踊りから元禄歌舞伎へ

これをもっとも芸術的に発展させたのが、「かぶき踊り」の創始者、出雲《いずも》の阿国《おくに》であった。彼女は、当時流行したポルトガル・スペインなどの南蛮ファッションを大胆に取り込み、踊りと融合させ、舞踊の新ジャンルを切り開いたのであった。

阿国の一座では、狂言師が「猿若《さるわか》」と呼ばれる道化役を担当して人々を笑わせた。猿若の存在が、かぶきが後に芝居として展開する素地となったのである。ちなみに、現代に続く中村勘三郎などの中村座は江戸を本拠地とし、当初、猿若座を名乗っていた。江戸の猿若町も猿若座にちなむ。

江戸前期に一世を風靡したかぶき踊りは、すぐさま遊女たちの模倣するところとなった。模倣とはいえ、この遊女のかぶき踊りが芸能史上、革新的であったのは、それが本土における三味線音楽の本格的な始まりでもあったからである。近世芸能はこれによって幕を開けたといえる。三味線の起源は中国の三弦《サンシエン》で、外来の新奇な楽器の音色・調子が日本で新たな芸能を生み出したのである。

遊女かぶきが、風俗上の理由により禁止されると、「若衆《わかしゅ》」と呼ばれる美少年たちによって、かぶき踊りが行われるようになる。これまた大流行するが、やはり風俗上の理由により幕府から禁令が発布される。

このころ近松門左衛門《ちかまつもんざえもん》の戯曲を台本として、これを人形の所作に合わせて、三味線を伴奏楽器として竹本義太夫《たけもとぎだゆう》が語る人形浄瑠璃《にんぎょうじょうるり》が成立する。『曾根崎心中《そねざきしんじゅう》』をはじめとする、恋や金銭貸借の絡む、新興町人の事件・風俗に取材した近松の作品は大きな人気を博した。この台本が人間によって演じられるようになり、元禄時代の「野郎《やろう》歌舞伎」が誕生した。男性のみによって演じられたことから、若衆歌舞伎に対してこのように呼ばれた。ここに、我が国の本格的な芝居としての歌舞伎、演劇が成立して、現在に続くのである。

†熊野の世界、山・滝・海と補陀落渡海

一遍上人が参詣した熊野は、鎌倉時代には平安京の皇族・貴族はじめ、各地より多くの参拝者を迎えるようになっていた。熊野は、本宮・新宮・那智の三社を中心とし、三所権現として、それぞれ阿弥陀如来・薬師如来・千手観音《せんじゆかんのん》が本地仏として信仰された。特に平安末期以降、阿弥陀を本地仏とした熊野本宮《ほんぐう》は西方《さいほう》浄土と見なされるようになり、阿弥陀の浄土に生まれ変わることを願って、上皇や女院、貴族、武士など上層階の人々だけでなく、庶民たちが旅をして参拝に訪れるようになった。

最多の熊野御幸《ごこう》を行ったのは後白河《ごしらかわ》上皇（一一二七〜九二）で、本宮・新宮《しんぐう》・那智《なち》へ三

〇回を超える参拝を行った。熊野や大峰《おおみね》、高野山などがある紀伊半島は、園城寺聖護院《おんじょうじしょうごいん》を本拠とする修験者などの回峰《かいほう》修行の聖地にもなるが、険しい山、那智の瀧や海も篤い信仰を受けるようになる。

図21　『熊野那智参詣曼荼羅』（國學院大學蔵）

中世には、熊野本宮参詣《ほんぐうさんけい》曼荼羅、熊野那智《なち》参詣《さんけい》曼荼羅（図21）などの、熊野の自然と結びついた信仰世界が描かれた。

熊野本宮の社殿は、一八八九（明治二二）年八月の水害時までは熊野川・音無川《おとなしかわ》・岩田川の三つの川の合流点にある「大斎原《おおゆのはら》」と呼ばれる中洲にあり、山上にありながら、大河に浮かぶ小島のようであったという。本宮の参詣曼荼羅には、神職と巫女による例祭の様子も描かれており、自然と一体化した信仰施設や儀礼の実態がはっきりとわかる。

那智参詣曼荼羅には、那智の滝をご神体とする那智大社の様子と、熊野への信仰の重要

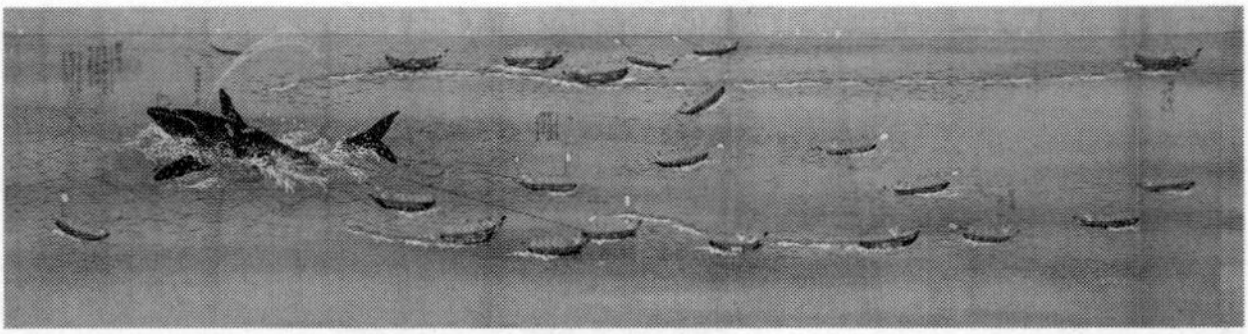

図22 『紀州太地浦鯨大漁之図・鯨全体之図』（くじらの博物館蔵）

な構成要素である熊野灘《なだ》の様子、そして山のふもとに広がる海が描かれている。那智の滝に浮かび上がる火焔は、滝壺の神霊が矜羯羅《こんがら》、制《せい》多迦《たか》の二童子と推測されることから、不動明王を現しているとされる。

海には「南無阿弥陀仏」の六字が書かれた帆を揚げる船が浮び、僧侶に見送られている。「補陀落渡《ふだらくと》海《かい》」と呼ばれた海上での修行の様子である。「補陀落」とは観音の浄土のことで、熊野《くまの》灘《なだ》の彼方《かなた》が補陀落であるとする信仰から始まった。海の即身成仏ともいわれ、生きたまま船に乗り、成仏することを願って、海の彼方を目指したのである。

熊野灘は、カツオ・マグロ・トビウオなどのほか、クジラ漁も行われてきた豊かな海である。現在も漁業が盛んであるが、熊野の海の漁師の熊野信仰も篤い。

そのなかで、現在もクジラ漁を行っている太地町《たいじちょう》には、シー・シェパードの活動家たちがしばしばおしかけ、彼らの監視活動や反対運動に苦しめられていることで注目を集めている。太地は、実は日本における古式捕鯨《ほげい》発祥の地としても知られ、江戸時代には鯨組《くじらぐみ》が那智大社に参拝し寄進するなど、熊野信仰にも篤かった（小松二〇〇七参照）。

日本の捕鯨に対して、欧米の動物愛護の立場から批判や規制・禁止の声があがっているが、それに対して日本は、海の生態系のバランスを保つため、また古代からの長い歴史を有する日本の捕鯨は伝統文化であると主張して継続を求めている。そうした文化としての背景に、神仏に対する信仰があることを忘れてはならないだろう。

3　因果応報の思想と遊行の宗教者・芸能民

琵琶の音色

源平の争乱を経て、約一世紀後に『平家物語』が完成する。冒頭の、

祇園精舎《ぎおんしょうじゃ》の鐘の声　諸行無常《しょぎょうむじょう》の響きあり。沙羅双樹《さらそうじゅ》の花の色、盛者必衰《じょうしゃひっすい》の理《ことわり》を現す。

の名文は、あらゆること、ものが無常であること、永遠ではないことを説く仏教の教えを現す美文である。平家の栄華とその後の没落を描く長大な作品は、仏教の無常観が基底にあるが、日本人の心にはむしろ「無情感」、人生のはかなさを抒情的に感じさせるもの

であろう。

この『平家物語』は、琵琶法師《びわほうし》と呼ばれる旅をする盲目の芸能民によって語られた。琵琶法師は、琵琶を伴奏楽器として語ったことからその名を有する。このことはよく知られているものの、琵琶が中国からの渡来の楽器であることや、その歴史的意義について考えられることはあまりない。

琵琶は、隋・唐代の宮廷音楽の楽器であったが、中国にとっても外来の楽器であった。隋・唐の帝国は、周辺国への版図の拡大とともに、その国の音楽・舞踊を吸収し、外国の楽器も取り込んだ。琵琶はそうした楽器の一つで、宋代、陳暘《ちんよう》著の『楽書』(一一〇一年成立)には、異国の楽である「胡楽《こがく》」の中に「琵琶・五絃琵琶」を分類している。

単に「琵琶」と記される楽器は、中国から日本にまで広域に広まったペルシャ起源の四弦琵琶である。一方、五弦琵琶はインド起源で、その両方が中国に入ってきていたことがわかる。ちなみに古代の五弦琵琶は日本にも伝来しており、東大寺正倉院の宝物として伝えられている。現在、世界に確認されている五弦琵琶は二本だけで、そのうちの一本が日本に現存しているのである。

中国の琵琶の音色やメロディーを考える上で注目したいのは、仏・菩薩の住む浄土の様子を描いた『浄土変相図』には、琵琶を含む、浄土での演奏の様子が見られることである。

「敦煌《とんこう》莫高窟《ばっこうくつ》」第二二〇窟の唐代の浄土変相図の一つ『奏楽図』には、正面の高欄《こうらん》のある高舞台に仏・菩薩や天女と思われる楽人たちが座して、琵琶やほぼ円形の胴の阮咸《げんかん》（ruanxian）などの棹のある弦楽器や横笛、ハーモニカ状の排簫《はいしょう》（páixiāo）などの吹奏楽器を奏している様子が描かれている（図23）。

図23　唐代『奏楽図』：敦煌莫高窟第220窟（〇囲みは反弾琵琶の様子）

こうした様子は、仏典に説かれる極楽浄土のイメージと、奏楽の舞台など当時、宮廷で現実に奏されていた演奏の模様が重ね合わせられて想像されたものと推察される。その上で、浄土に流れる音楽は、西域の楽器による西域の音楽、中国にとってエキゾチックな異国の音色とメロディーが、極楽浄土の音楽として表現されていたものと考えられる。

画中でひときわ目を引くのは、琵琶を背負いかつぐようにして弾く様子である。この奏法は「反弾《はんだん》琵琶《びわ》」と呼ばれ、現代の中国では天女が演奏するイメージが定着し、絵画や彫刻のモチーフとなって創作され、舞

図24　舞劇《糸路花雨》1979年公演

劇などでも、実際に女性が天女姿で演じたりする。古代の絵画などでは、中国において琵琶を男性楽人が奏する例も珍しくはないが、二〇〇〇年代に活躍し人気を博した女子十二楽坊のように、中国においては琵琶は女性が演奏する楽器としてのイメージが強い（図24）。

翻って、日本の琵琶法師が単独で琵琶を演奏し、源平の盛衰を語る様子は、こうした中国の演奏とは大きく異なる。琵琶は、大陸の宮廷音楽「雅楽」の受容のなかで、笙《しょう》や篳篥《ひちりき》とともに日本に伝来した楽器であり、宮廷の楽人によって演奏された。日本の雅楽は、大陸や半島起源の音楽を主要な内容とした。

日本の雅楽が、基本的に、大陸や半島のそのままの音楽を目指したことを考えれば、琵琶法師の琵琶を伴奏とする平家語りが、いかに日本独自の展開であるかが感じられるだろう。ではなぜ、どのような発想から、琵琶法師は平家物語を琵琶を奏して語るようになったのだろうか。

†盲法師たちの生活

剃髪をした琵琶法師は「法師」とはいえ、寺院に所属する僧侶ではなかった。

古代から中世に、先天的にせよ後天的にせよ盲目である者を家族が養い、家庭でともに暮らすことは難しかった。生きていく上で生産力に乏しい身体の不自由な者は、家や村から出ていかざるを得なかったのである。家族や村落の人々は、そうすることに不憫《ふびん》さを感じたに違いないが、それを正当化したのが仏教の「因果応報《いんがおうほう》」の思想であった。前世の悪い行いのため、この世での報いを受ける。言い換えれば、今を生きる辛い境遇にある者は、この世に誕生して以来、本人に何の問題もないとしても、前世で犯した罪の報いのためで、やむを得ないのだといった考え方である。見世物の口上などの「親の因果が子に報い……」といったフレーズは日本人にはなじみ深いであろう。

そうした彼らが住むことになったのは、京都では鴨川の河原、雨をしのぐためその橋の下や、八坂神社から清水寺へと続く清水坂《きよみずざか》など、生活しにくい場所であった。

こうした場所に居住せざるを得なかった人々が、やがて集団を作り、座を結成するようにもなった。当時、鴨川は死体を含め、あらゆるものの捨て場所だったが、やがて彼らは河原に捨てられたものを取得する権利を得た。生産力に乏しい彼らの中には、河原で物ま

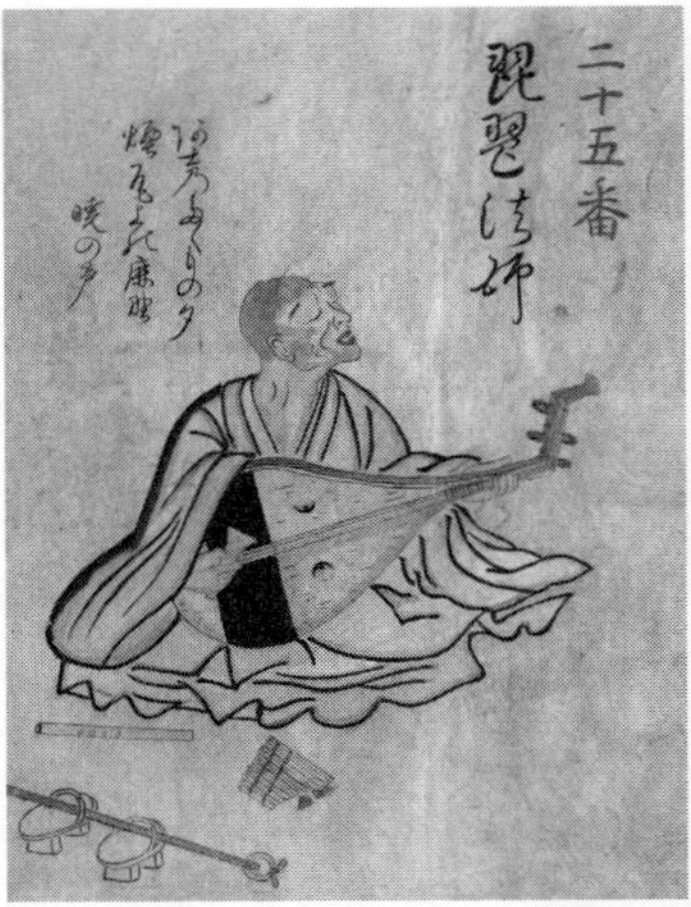

図25　琵琶法師『職人歌合』（1976〔明和6〕年版）

ね芸などの滑稽芸を演じる者もおり、いくばくかの米銭《べいせん》などを得るようになった。芸人を「河原《かわら》乞食《こじき》」と呼んだりするのは、こうした歴史を背景とする。

雨季に起こる京の町の冠水などにより、夏にはしばしば病気が流行り、無縁の遺体は河原に捨てられた。そうして、盲目であることにより感覚が鋭敏であった彼らは、河原の死者、無縁の霊のための鎮魂を行うようになっていったとみられる。

†怨霊が語る「物語」

やがて平安後期、保元・平治の乱を経て平家の栄華の世となる。しかしながら、都で貴族化した平家の時代は長くは続かず、壇ノ浦での源平の合戦を経て、源氏を将軍とする武家政権が鎌倉に樹立される。源氏との戦いにより捕縛された平氏は都に連れ戻され、最終的には処刑された。その処刑地となったのが、鴨川の河原であった。

御霊信仰により、兵士の怨霊による災いを恐れた朝廷は諸大寺に読経などを命じて、戦死したり処刑されたりした平氏の鎮魂を行った。しかし、都の人々は処刑されたその地での鎮魂を求め、それを引き受けたのが、以前から鴨川で死者の鎮魂を行っていた琵琶法師であった。鎮魂のために琵琶を奏したのは、絃の響きに、死霊を降臨させる力があると信じられたためであると考えられている。

例えば、『源氏物語』に基づく能「葵上《あおいのうえ》」では、葵上が出産に臨んで苦しむシーンより始まるが、その苦しみ方が尋常ではない。そこで「照日巫女《てるひのみこ》」を招いて、梓弓《あづさゆみ》の祈禱を行ったところ、葵上に嫉妬した六条御息所《ろくじょうのみやすどころ》の生霊《いきりょう》が出現したのだった。生霊は、

三つ車に法《のり》の道、火宅《かたく》の門《かど》をや出《い》でぬらん、
夕顔の宿の破《や》れ車《ぐるま》、遣《や》る方なきこそ、悲しけれ

と、『法華経』に説かれる「三車火《さんしやか》宅《たく》」の喩《たと》えに託して思いを語り始め、光源氏への叶わぬ恋の苦しみ、怨み言をせつつと述べる。

現代において、津軽半島をはじめ東北地方において「イタコ」「イチコ」などの名で知られる女性たちは、こうした梓巫女《あずさのみこ》の末裔《まつえい》ともいえる民間宗教者である。「口寄《くちよ》せ」とい

って死者を自身の体に依《よ》り憑《つ》けて、死者その人となって遺族と話をする。現代にはほとんどなくなったが、かつてイタコは、弓をバチで叩いて音を鳴らし、死霊を降ろした。高知県東部の山村に伝承される民間祈禱いざなぎ流では、針金の絃を張った弓を叩いて音を鳴らし、死霊・犬神《いぬがみ》・動物霊など、さまざまな神霊を降ろし、神霊と対話して病気治癒を行ってきた。

琵琶法師は、琵琶の音により処刑地となったその場所に平家の怨霊を降ろし、イタコのように口寄せをして彼ら自身となり、あるいは霊と対話して、平氏の非業《ひごう》の死の怨念を語った。そうして怨霊の怨みを解消させ、鎮魂したのではないかと考えられる。

ところで「物語」とは、「モノ」(「モノノケ」の語に表現されるような霊的な存在、神霊)が人にとり憑いて語ること、「モノ」が「語る」ことを意味する言葉であった。物語と言えば、もっとも有名なのは平安中期の王朝時代、光源氏を主人公とする『源氏物語』である。この作品は紫式部によって書かれたことが知られ、このことから「作り物語」に分類されている。「作り」とは「作り物」、個人の創作であること、ホンモノではないことを意味している。怨霊=モノによる語りの性格の強い、琵琶法師によって語られる『平家物語』の方が『源氏物語』より後世の作品ではあるが、モノ=怨霊がカタル、「物語」としての原初的な性格を強く伝えているものといえる。

†漂泊する色を売る女性たち――遊女・傀儡子

琵琶法師と同様に、古代・中世にしばしば差別的な扱いを受けた下層民に、女性では「遊女」がいた。遊女は、その生業《なりわい》ゆえの罪深さを認識し、それを脱するために仏・菩薩とつながりたいという欲求を抱いていた。

当時の遊女は街道筋の主要な港で、海に船を浮かべて客を待った。こうした遊女との系譜的な関係を明らかにすることは難しいが、一方で人形操りを行った傀儡子《くぐつし》も色を売った。「傀儡」とは操り人形のことで、これを操った芸能者が傀儡子である。

平安時代の儒学者大江匡房《おおえのまさふさ》の『傀儡子記《かいらいしき》』には、彼らは狩猟を元来の生業として集団をなして遊行し、人形操りをも行った漂泊の芸人であると記されている。狩猟民は、稲作・畑作の農耕民とは異なる、獲物を求めて移住する集団であったが、これを本業として芸能をも業《わざ》とする芸能民であった。このことは、彼らの移動が山中と都市とを往還《おうかん》するものだったことを示している。

その女性たちは色を売る遊女でもあった。歌舞音曲をもよくし、客を楽しませたという。狩猟という移動の生活と、歌舞・人形操りなどの芸能とさらには売色とが、生業として一体のものであったらしいこと、山中と都市とを往来していたであろうことなど、興味は尽きない。

遊女といえばその歴史は古い。奈良時代、八世紀後半の『万葉集』には「遊行女婦」が詠んだ歌がみられる（四〇六八番歌）。「遊行女婦」は「うかれめ」と読むが、その字のごとく諸方を遊行し、定住しない漂泊者であったと考えられる。平安時代になると、遊女の実態がしだいに明らかになってくる。『傀儡子記』を記した大江匡房はまた『遊女記』を著し、

倡女《うため》、群《たむろ》を成して、扁舟《へんしゅう》に棹《さお》さして旅船《りょはく》に着き、もて枕席《ちんせき》を薦《すす》む。


と記しており、遊女が港に船を浮かべ、ここに客を招いていたことがわかる。同記にはまた「声は渓雲《けいうん》を遏《とど》め、韻《いん》は水風に飄《ひるが》へり」と記されている。身体のみならず、その美しい歌声でも客を酔わせ、「家に帰ることを忘れさせる」ほどの技芸を身につけていたのである。

平安時代後期、今様に狂った後白河法皇《ごしらかわほうおう》が撰した歌謡集『梁塵秘抄《りょうじんひしょう》』には、「遊女《あそび》の好むもの」として、「雑芸《ぞうげい》・鼓《つづみ》・小端舟《こはしぶね》」のほかに、「男の愛祈る百大夫《ひゃくだいふ》」を挙げている（三八〇）。『傀儡子記』には、傀儡子が「百神」を祀ったと記されているが、「百神」「百大

夫」は、彼女たちが「男の愛」をつなぎとめることを祈る愛の神だったのである。

遊女たちは当時の交通の要衝であった江口（現大阪、淀川辺）、神崎（現兵庫県尼崎）などを拠点とした。

後の中世には、この江口での遊女の様子が劇化される。能「江口」は、旅の歌人かの西行《さいぎょう》が大坂の天王寺《てんのうじ》詣での途中、ここで一夜の宿をと望んだところ、女主人にすげなく断られる、といった問答歌に基づく作品である。旅の僧が江口を訪れたところに、遊女の亡霊がシテとして登場する。シテは、

歌へや歌へ泡沫《うたかた》の、あはれ昔の恋しさを、今も遊女の舟遊び、世を渡る一節を、歌ひていざや遊ばん

といって、船の上での歌舞の様子を演じつつ、

罪業《ざいごう》深き身と生れ、殊《こと》に例《ためし》少なき河竹の、流れの女

図26　「法然上人絵伝」室泊（むろのとまり）での室津の遊女を乗せた「小端舟（こはしぶね）」（東京国立博物館蔵）

となる、先の世の酬《むく》ひまで、思ひやるこそ悲しけれ。

と、体を売る身の罪深さを嘆き、前世の報いを怨む。しかしながら一転、遊女は普賢菩《ふげんぼ》薩《さつ》に変じ、白象になった舟に乗り、西方の空に消え去っていった。

物語としては、僧侶の供養によって、遊女の亡霊が普賢菩薩に転じた、といった筋書きである。罪業の深さの許しを請う立場から瞬時に一転して、尊崇される菩薩へと変身を遂げる。ここに、性愛の対象として接する女性に、その一方で神聖性を見ようとする、男性の幻想を見ることもできよう。

†瞽女の旅と芸能

琵琶法師は、男性で盲目の旅の芸能民であったが、また、女性にも盲目の旅の芸能民がいた。三味線を弾きつつ、民謡や口説《くどき》や説経から流行歌まで歌った「瞽女《ごぜ》」である。越後(新潟)では、戦後、一九六〇(昭和三五)年頃まで活躍し、「ゴゼさん」と親しまれていた。「ゴゼ」の語には、盲目を意味する「瞽」の字が使われるが、「ごぜ」とは盲目であるか否かを問わず女性芸能者を意味する「御前《ごぜん》」——白拍子《しらびょうし》で有名な静《しずか》御前はその著名な一人——に由来する言葉と考えられている。室町時代には、女性の盲目の芸人「盲御前《めくらごぜ》」の姿も見える（能「望月《もちづき》」など）。

越後の瞽女は、わずかながら目の見える「手引き」を先頭に五人ほどのグループを作り、はぐれないように「つながって」村々を訪れた。雪深い季節の旅は特に苦しいものだったが、県外に及ぶほどの広域をめぐり歩いた。明治生まれの私の祖母は新潟の上越地方で過ごしたが、雪深い中、瞽女たちが「つながって」来たものだったと、私の母によく語ったそうで、村の人々にとっては、冬の懐かしい想い出として記憶に刻まれていたのであった。

明治生まれで、最後の瞽女となった小林ハル（一九〇〇〜二〇〇五、享年一〇五）は、その辛さを、例えば次のように語っている。

百年だもの。それこそどんな思いでもしてきた。
雪の中、動けなくて、このまま凍えて死ぬんだと覚悟したこともある。
もう川に飛び込んでしまおうと、橋の上で一日過ごしたこともある。（本間二〇〇一）

彼女たちには、集団を維持するための規律「瞽女式目《ごぜしきもく》」が課せられていた。なかでも、男性と情を交わすことは固く禁じられていた。妊娠、出産した場合、子どもを育てるのは容易《たやす》いことではなかったからである。これを破った場合には追放され「はなれ瞽女」として生きることを余儀なくされ、さらに困難な生活が待ち受けていた。水上勉《みずかみつとむ》の『はなれ瞽女おりん』（一九七五）は、そうした瞽女の悲哀を描いた小説であるが、映画化もされ、舞台でも演じられている。

ところで、いずれも三味線を伴奏とするものの、説経節《せっきょうぶし》の語りが情感を込めたdramaticな語りであるのに対して、瞽女によって歌われる口説きや歌の調子は素朴である。しかしながら、そのlyrical（抒情的）な調子がかえって哀切を誘う。

近世の説経師について、江戸時代中期の儒学者太宰春台《だざいしゅんだい》は、差別や貧困のなかで辛苦《しんく》をなめつつ旅を続けた彼らの芸能について、『独語《どくご》』に次のように記している。

仏法の尊きことどもを詞に綴り、浮世《うきよ》の無常の哀《あわれ》に悲しき昔物語《むかしものがたり》に演じ、善悪因果の報いある事どもを物語に作りて、是にふしを付けて、哀《あわれ》なるやうに語りしなり。

仏法の教えを根本として、過去・現世の因果応報の物語を作り、これを哀切に語るのが彼女たちの営みであった。盲目の身で語られるその物語には、彼女たちの人生そのものが重ねられていただろう。

瞽女は、小林ハルを最後に断絶したが、その伝統芸能とポピュラーミュージックとの接点を見出すことができる。宇多田ヒカルの母親で、一九七〇年「圭子の夢は夜ひらく」の大ヒット曲で知られる藤圭子《ふじけいこ》（一九五一〜二〇一三）は、浪曲師を父とし、三味線瞽女の母より岩手県で生まれた。子どもの頃より親から歌のレッスンを受け、門付巡業《かどづけじゅんぎょう》にも同行した。親はしばしば娘の歌のうまさを自慢したものだったという。一九七〇年、二〇歳になる以前に発表された「圭子の夢は夜ひらく」は、「十五、十六、十七と、私の人生暗かった…」の一節がよく知られている、都会の夜の街で働く女性の心情と人生の悲しさを歌った演歌である。彼女の、歳に合わないドスのきいた少しかすれかかった歌声と歌のうまさは、芸人としての英才教育と、旅に明け暮れる巡業の辛さ、苦労を幼い頃から味わってきた経験によるものだろう。祖母の瞽女歌の魂を直接に、また母藤圭子を通じて宇多田ヒカルも受け継いでいると解説する評論家もいる（大下二〇一三）。

ちなみに、7thコードの、長調とも短調とも言いがたい和声と、五音を基調とする哀愁を帯びた音階、ブルーノートスケールを基調とするブルースが、近代のアメリカで生み出される。ブルースは、アフリカから連れてこられた黒人たちが奴隷的な扱いを受け続けた悲しみや辛さの要素を多分に含んで、新たなジャンルとして成立し、さらにリズム＆ブルースやロックンロールへと発展した。

日本の「演歌」は、明治期の自由民権運動において政府批判を歌にした「演説歌」より始まる。「オッペケペー節」に代表される演歌は、メロディーに抒情性があるわけでも、色恋を歌うものでもなかった。それが時代とともに浪曲など日本の伝統歌謡と習合し、戦後にはブルースはじめ、アメリカの新たなポピュラーミュージックの影響を受けつつ、「艶歌」「怨歌」などとあてられる漢字にふさわしい、哀切を帯びた日本の曲調の歌謡曲となっていったのである。

†第三章結び

本章では、鎮護国家の宗教として伝来した仏教が、平安時代に庶民の信仰として広まっていく新たな展開を辿った。江戸時代には全国の主に都市部で、疫鬼を駆逐する牛頭天皇の祭りである祇園祭が夏祭りとして行われるようになる。このように、平安時代における御霊信仰の発生と仏教の祭儀との結びつきが、熱狂の夏の祭礼として展開していった。また、来世における浄土での先祖の平安への願いから、現代の盆踊りにつながる念仏踊りの創始、『平家物語』に代表される因果応報の物語が、琵琶法師や瞽女など、身分としては底辺に置かれ辛い境遇を送る漂泊の民によって語られ、江戸時代には三味線を伴奏楽器とする説経節へと展開し、近代にブルースなどアメリカ音楽の影響を受けつつ、現代の演歌の起源となった。

一方、浄土信仰が、山・海やそのかなたに神霊の住む異界を感じとった熊野信仰に代表される山岳信仰へ展開する様相についても見てきた。台湾や中国大陸の寺院や廟が、仏や菩薩を祭祀する堂舎などの建築物のみで構成され、仏・菩薩に祈願を捧げる宗教施設としてほとんど樹木が見られないことを考えると、信仰が自然と結びついて発展した仏教のありかたは、きわめて日本的な展開であるといえる。

このように、現代には死霊の慰撫や祖霊信仰と結びついて展開する仏教の萌芽の時代として平安時代が、古代後期から中世では重要な役割を果たすが、その後の展開の中で、国家平安の祈願としての仏教が消滅したわけではなかった。

次章では、神祇信仰や神社と結びついて、国（現在の都府県）レベルの統治において大きな役割を果たした仏教の様相、中国大陸から朝鮮半島までを版図とした蒙古の日本への襲撃といった国難を背景とする八幡信仰の高揚、あるいは日本海賊として半島・大陸の沿岸まで赴いた倭寇と八幡信仰の結びつきなどについて見てみたい。

第四章　中世の仏教、神仏習合と八幡信仰

1　神仏習合――仏と神との出会い

†仏法を守護した日本の神祇

仏教が伝来した当初、外来の仏を受け入れるかどうかをめぐり、特に日本の神祇祭祀を職掌とする氏族から激しい抵抗があったことは、第一章で見た通りである。

両者の対立の末、日本は仏教を護国の宗教として受け入れることを選び、奈良や京都の都には、皇室や貴族の発願によって法隆寺・東大寺・興福寺・延暦寺・東寺などの巨大な寺院が建立された。また国（現在の県に相当）ごとに国分寺が、列島全域に次々と建立され、国家鎮護の祈願を行うようになった。

こうして崇仏派と、神話時代より続く日本の神祇を重視して外来の宗教を受け入れることを警戒した反仏教派との対立がありながらも、日本は仏教を受容することになったが、それによって神祇を排除したり軽視したりすることにはならなかった。

その大きな要因の一つは、日本の国土と神祇との結びつきが強固だったことだと考えられる。現在でも日本には、沖縄や北海道を除いてほぼ全域に、都府県、町村ごとに一宮《いちのみや》・大宮・総社や鎮守の神社があり、その区域の全員が鎮守の神祇に守護されることになっている。性別や年齢はもちろん、国籍・人種に関係なく、その区域に居住する全員が神社の氏子となり、鎮守神に守護される。転居などで地域を離れれば、その神社の氏子から、転居先の神社の氏子へと転ずる。

その際、一般に脱退や加入申し込みの届けなどは必要ない。また、キリスト教徒やイスラム教徒などが日本に居住する場合も、日本の神祇を信仰するかどうかにかかわらず、鎮守の神祇は居住する地域の全ての人々を氏子として守護する。こうした点で、日本の神社、神祇信仰は、明確な信仰を持ち、教団の許可のもとに洗礼や授戒などの加入式を経て信徒となる仏教、キリスト教、イスラム教などの宗教とはかなり異質である。

このように強制力がきわめて小さい一方、地域の統治者にとって、地域支配の正統性の証として重要だったのが、鎮守の社の祭祀を行うことであった。神社祭祀は地域の統治者の権利であると同時に義務でもあったのである。

現在の県知事に相当する各国の国司は、その国の行政を司るとともに、一国の鎮守となる一宮、大宮、総社などの神社の祭祀を行い、国の安穏を祈願することが重要な務めであった。国司に任命されて着任すると、まず臣下を引き連れ行列を従えて、一宮・大宮はじめ主要な神社を巡って参拝するのが定めとなっていた。

平生《へいぜい》も一宮などの祭祀は重要なので、国司の館は一宮の近くに建てられた。例えば武蔵《むさしの》国《くに》、現在の東京都の一宮は府中──「府」は国府を意味している──の大国魂《おおくにたま》神社であるが、神社の脇には国司の居館跡が発掘され、現在、調査に基づいて館や国衙が再建されつつある。

ちなみに、歌人として、また『古今集』の撰者としても著名な紀貫之《きのつらゆき》は、土佐守《とさのかみ》として四年間、土佐国（現高知県）で過ごした。その任期を終えて京に向けて旅立つ九三四（承平四）年一二月から翌年二月までの五十日余にわたる船旅を記したのが『土佐日記』である。新任の国司に庶務の引き継ぎを行い、国司の館を明け渡し、京に戻る船旅につく様子も記している。親しい人々はもちろん、それほどでもない人まで、大勢がおしよせ名残《なごり》を惜しんで夜通し騒ぎまくる様子は、現代の職場や学校の送別会以上であり、人間付き合いの濃密な時代をうかがわせる。

仏教は、寺院に居住する僧侶による修行や仏教学についての学問などの活動によって、鎮護国家のための祈願を実践した。寺院は当然、現実の土地の上に建てられるが、その際それまでその土地を領していた日本の神祇を排除、放置することはなかった。

寺院建立にあたって僧侶は、以後、土地の神の祭祀を行うことを約束した。それに対し、日本の土地の神は寺院を快く迎え、その土地の新たな寺院の活動、すなわち仏法を守護する護法の神となることを約束した。こうして寺院の境内、あるいは寺院の脇に、寺院の鎮守の神社が建つようになっていった。こうした寺院のあり方は、日本独自の仏教の変容と考えられているが、仏教を受容した他国でも、自国の神を寺院に祀る例は見られる。『三国志』において劉備《りゅうび》の臣下として活躍した関羽《かんう》は、死後「関帝」「関公」として神格化され、商売の繁昌を願う神として信仰され、中国各地に関帝廟が見られる。一方、中国には、仏とともに関帝を祀る堂舎《どうしゃ》を有する寺院もある。武人として活躍した関帝は、寺院においては仏法を守護する護法神として祀られるようになったのである。

このように、仏・菩薩を祀る寺院に、仏教ではない神、その国・土地の民俗神が祀られることは東アジアでは珍しくない。しかしながら日本では、寺院に祀られるか否かにかかわらず、神は、日本式の高床で檜《ひ》皮葺《わだぶき》の屋根、瑞垣《みずがき》と呼ばれる樹木による紫の垣や板塀で囲まれる、朱塗りあるいは白木の社殿に祀られる点が大きな特徴で、同じ境内地にあっても仏・菩薩とは明確に区別された。中国の例として挙げた寺院に祀られる関帝は、釈迦や観音などが祀られるのと同様の瓦葺《かわらぶき》建築の堂に安置される。したがって、堂に入ってその像容、姿を見るまでは、仏教以外の神が祀られているかどうかはわからない。

これに対して、寺院内であっても日本の神祇は和風の祠に祀られ、仏・菩薩を祭祀する建物ではないことが一目瞭然である。日本人の多くは寺院に詣《もう》でて、仏・菩薩であればおのずと合掌して祈り、神祇であれば柏手《かしわで》を打って参拝する。仏と日本の神との区別が、日本人の心身には内在化されているのである。

†興福寺と春日社

飛鳥の都には、聖徳太子によって法隆寺が、奈良の都には、聖武天皇発願の東大寺、天武天皇発願の薬師寺、藤原氏発願の興福寺など、巨大な寺院が次々と建立され、仏教国と呼ぶにふさわしい都の姿が立ち現われてくるが、ほぼ例外なく、いずれの寺院にも鎮守の神として日本の神祇が祀られた。東大寺の八幡神（手向山八幡宮）、薬師寺の八幡神（休ケ《やすみが》丘《おか》八幡宮）、興福寺の春日神（春日社）、延暦寺の日吉《ひえ》神（日吉社）などが、それである。

東大寺と並び立つ興福寺では、現在に残る建築としては五重塔がよく知られている。しかしながら、その創建は奈良時代より古く、藤原氏の祖鎌足《かまたり》発願の釈迦三尊像を本尊として、六六九（天智天皇八）年、山背国山階《やましろのくにやましな》（現京都市山科）に建てられた山階寺を起源とする。その後、山階寺は藤原京に移り、平城遷都にともなって、鎌足の子不比等《ふひと》が奈良の現在地に移転させ、「興福寺」となった。

藤原氏は、鎌足の時代に中臣氏より分かれて藤原姓となる。それ以前には、仏教の受容をめぐって中臣氏は物部氏とともに反仏教派の側に立った。その理由は明白で、中臣氏は、神話時代に遡って、経津主神《ふつぬしのかみ》を先祖として、祝詞《のりと》を読んで祈願することを主たる職務としていたからである。仏教の受容にあたっては、自身の職掌、存在が脅かされる危機感を持ったであろう。

その後、蘇我氏が物部氏との戦いに勝利し（五八七年）、蘇我氏の勢力が増強される。これを抑えるべく、六四五年、中臣鎌足は中大兄皇子《なかのおおえのおうじ》（後の天智天皇《てんぢ》）と協力して、蘇我入鹿《いるか》を暗殺した。こうして、鎌足と中大兄皇子は政治の実権を握り、翌六四六年に大化の改新の詔《みことのり》を発布し、日本の官僚機構の確立を目指したのである。

†藤原氏と春日神

奈良の都では、藤原氏の氏寺として興福寺を移築した藤原不比等《ふひと》が、興福寺より北の御《み》蓋山《かさやま》の麓に藤原氏の祖となった春日神を祀った。御蓋山は古くから神を祭祀する神奈備《かんなび》山

図27　鶴岡八幡宮の額。「八」の字は鳩を象っている。

として崇敬され、特に平城京遷都以後は朝廷からの崇敬が強くなった。例えば、遣唐使は出立に先立って、航海の安全を願い春日山の付近で天神地祇の祭祀を行った。

春日神の一つ武甕槌命《たけみかづちのみこと》は、常陸《ひたちの》国（茨城県）から、中臣氏を供に従えて、白鹿に乗って奈良に降り立ったと伝えられる。このことから、奈良では鹿が神鹿として大切にされ、春日社を中心に、興福寺・東大寺の一帯に多く住むようになったのである。

一九九八（平成一〇）年には、春日社や春日《かすが》山《やま》原始林を含む「古都奈良の文化財」がユネスコの世界遺産に登録された。春日の森は樹木が密生する森林でありながら、葉の茂る上部の下、人の背の高さあたりまでは枝がほとんどなく、森の向こうまでが見通せる独特な特徴を有している。これは、鹿が樹木の下から首の届く上までの木の芽を食べるからである。春日の森は、日本人の宗教や信仰と自然とが密接な関係をもって継承されてきた、文化的な要素が濃厚な森林なのである。

ちなみに仏教においては、例えば不動明王は制多迦童子《せいたかどうじ》と矜羯羅童子《こんがらどうじ》の、人間の姿をした二神を供に従えるが、日本の神では動物が神使《しんし》となる例が多い。近江（滋賀）日吉《ひえ》神の場合は猿、紀伊（和歌山）の熊野神の場合は烏（三本足を特徴とする八咫烏《やたがらす》）、八幡神の場合の鳩などである。鶴岡八幡のある鎌倉の名物として鳩サブレが作られたのは、八幡神と関係が深いことからである。

稲荷様の祠《ほこら》には、狐の人形などが置かれていることが多いことから、稲荷神を狐と考える人が少なくない。しかしながら狐は稲荷神そのものではなく、稲荷神の神使である。稲荷はその名の通り、稲穂を背負った稲の稔りをもたらしてくれる神で、男性の老人の姿でイメージされることが多く、狐を供として訪れる神なのである。

このように、日本の神は、山や森林、鳥獣などと密接に関わって信仰され続けてきたのである。

2　本地垂迹の思想とかたち

†興福寺・春日社の一体化と大和国支配

このように奈良の地には、藤原氏の氏寺である興福寺と、藤原氏の祖先神を祀る春日社との、藤原氏が深く関わる寺院と神社の二つの宗教施設が建てられた。春日社では、藤原氏と同族の中臣氏が神官として祭祀を行った。興福寺の長官、いわゆる住職は「別当《べっとう》」と呼ばれ、世襲ではないが藤原氏の摂関家の僧侶から選ばれるのが平安時代以来の慣例となった。

興福寺では、藤原氏が娘を天皇と結婚させることによって天皇家と姻戚関係を結び、摂《せっ》政《しょう》・関白《かんぱく》の地位を得て、天皇の代行職として権勢を強めた。それとともに興福寺の大和における権力も強化され、春日社は大和国において、実質的に一宮としての地位を獲得してゆく。

また、興福寺には自然発生的に「衆徒《しゅと》」と呼ばれる多数の僧侶が坊をつくって住みつくようになった。彼らは非常時には鎧をつけ、鎗・刀を持った戦士「僧兵」となった。源義経に仕えた、覆面姿で鑓を手にした叡山の僧侶として物語に描かれる弁慶の姿を想起するとわかりやすいだろう。興福寺は、宗教と僧兵を擁した兵力により、さらに藤原摂関家の権勢と結びついて大和一国を支配するに至るのである。

同じ頃、比叡山延暦寺も僧兵を擁する一大勢力となるが、興福寺、延暦寺いずれも宗教と軍事勢力によって大挙して都におしかけ、朝廷に政治的な要求を行った。その際、興福寺衆徒は春日神を、延暦寺衆徒は鎮守の日吉神を捧持《ほうじ》して上洛した。戦闘においては、彼らは、戦のプロである都の武士に敵《かな》うべくもなかった。しかしながら、神話時代以来の皇祖とも近しい神を擁する軍勢に、朝廷側の武士がためらいなく立ち向かうことは難しく、朝廷は苦慮した。

源平の争乱期には、比叡山の勢力は平家に味方した。一方、興福寺・東大寺など南都の勢力は源氏に味方した。そのため、興福寺・東大寺など南都の寺院は平氏の軍勢により焼き打ちにあった。その後の復興には、鎌倉に幕府を開いた将軍頼朝が多大な尽力をし、奈良の寺院と源氏とは親しい関係を結んだ。

大和国一国を掌握し、実質的に守護職の地位を獲得した興福寺は、その統治の正統性の証として、大和国の鎮守の地位を獲得した春日社を取り込もうとした。ほぼ同じ頃、東大寺や薬師寺では、遠く九州の宇佐より八幡神が迎えられ、鎮守として祀られるようになった。これに対して興福寺と春日社は、いずれも藤原氏と深く関係しながら、それぞれの独立性が高かった。奈良の地において当初、興福寺の春日社への関与に対しては、春日社は無条件に歓迎する姿勢ではなかった。

春日社には、大宮に四つの社殿、第一殿に武甕槌命《たけみかづちのみこと》、第二殿に経津主命《ふつぬしのみこと》、第三殿に天児屋根命《あめのこやねのみこと》、第四殿に比売神《ひめがみ》の四柱の神が祀られていたが、平安時代中期に新たな神「若宮」が誕生する。若宮神は当初、大宮内に祀られたが、やがて大宮から参道を挟んだ西側に、春日若宮社《わかみやしゃ》として独立した社殿が建てられた。

若宮おん祭の児

この若宮社の祭祀として、平安時代も後期になった一一三六（保延二）年、春日若宮おん祭《まつり》が創始される。この祭りでは、参道を下った興福寺に近いお旅所《たびしょ》の仮御殿《かりごてん》に若宮神を迎え、供物の献上のほか、巫女の神楽、舞楽、能楽、田楽などの芸能が捧げられた。

若宮おん祭において、興福寺の祭祀としての側面をよく示すのは「馬長児《うまおさちご》（ばちょうのちご）」（図29）である。馬長児とは、美麗な衣装に身を包んだ児《ちご》が馬に乗って行列に奉仕する役だ。このとき児は「権大僧都《ごんだいそうず》」など、興福寺の高位の僧侶の職を名乗る。「一つ物《もの》」とも呼ばれた馬長は、京都の祇園祭、稲荷祭《いなりまつり》（稲荷社）、今宮祭《いまみやまつり》（今宮神社）など、当時の畿内の祭礼行列のポピュラーな出しものであったが、瀟洒《しょうしゃ》な衣装を着て興福寺僧の資格で騎乗する馬長は、興福寺の権力を誇示する象徴でもあった。

と同時に、寺院の児は、古代から中世の女人禁制の寺院にあって、高僧に仕え、舞や

図28（上）　春日若宮おん祭「頭屋児」（著者撮影）
図29（下）　春日若宮おん祭「馬長児」（著者撮影）

図30　『児観音縁起』興福寺の僧が寵愛していた児が、病のため死去してしまう。その後、児の遺言に従って供養すると、やがて棺から観音が出現した、という中世の物語。興福寺の子院のひとつ菩提院に祀られる「児観音」の由緒である。寺院において性愛の対象であった児が、仏教的な聖なる存在でもあったことをよく伝える物語である。（公益財団法人香雪美術館蔵）

笛・鼓などの楽器や歌謡を学び、和歌を詠むなどし、それに大勢の僧侶が夢中になった。春日若宮おん祭の馬長には、「逢《あ》ふ恋」「見る恋」「忍ぶ恋」の字が墨書された短冊のついた笹を捧げ持った従者が従う。これは、古代・中世に、寺院の児が僧侶の寵愛《ちょうあい》の対象であったことをよく示している。

若宮おん祭では、別の場面でも児が登場する。一ノ鳥居をくぐってすぐ右手に影向《ようごう》の松が聳《そび》え立つが、松の下には、二人の児「頭屋児《とうやのちご》」（図28）が覆面をした僧兵姿で佇立する。祭礼行列の、猿楽座・田楽座などの諸役は影向《ようごう》の松に拝礼し、芸能の一節を演じる。「影向」とは、目には見えなくてもそこに神仏が顕現していることを意味する言葉である。この若宮おん祭における、影向の松やその下の児は、春日神そのものを現しており、その前での芸能は、春日神への奉納を意味しているのである。

興福寺の若宮おん祭の児は、こうした、古代から中世における大和一国を支配した興福寺権力の象徴なのであった。と同時に、僧侶の寵愛を受ける存在でもあり、さらには春日神そのものとしても登場して、春日神の顕現が表象された。春日若宮おん祭は、古代・中世の宗教が権力と結びつき、同時に性愛とも結びついた側面を有する、多様な要素を包含していたことを現代に伝える行事としても注目されるのである。

†本地垂迹の思想——神仏習合の思想とかたち

平安時代、仏教・寺院が、日本の神祇を護法神《ごほうしん》としてとりこむとともに、外来の仏と日本の神との関係性を合理的、神学的に説明して、納得したいという要求に応える必要が生じるようになった。そうした教説の中でもっとも普及したのが「本地垂迹《ほんじすいじゃく》」の思想であった。これは仏教を優位に置く考え方で、「本地」＝本来は仏であるが、「垂迹」＝日本においては神の姿になって出現するという思想である。

例えば春日社の五神であるが、大宮の一宮から四宮は、それぞれ不空羂索《ふくうけんじゃく》観音・薬師如来・地蔵菩薩・十一面観音が、そして若宮は文殊師利《もんじゅしり》菩薩が本地仏《ほんじぶつ》として考えられるようになった。これらはいずれも興福寺諸堂に祀られた仏であると同時に、大和の人々の信仰

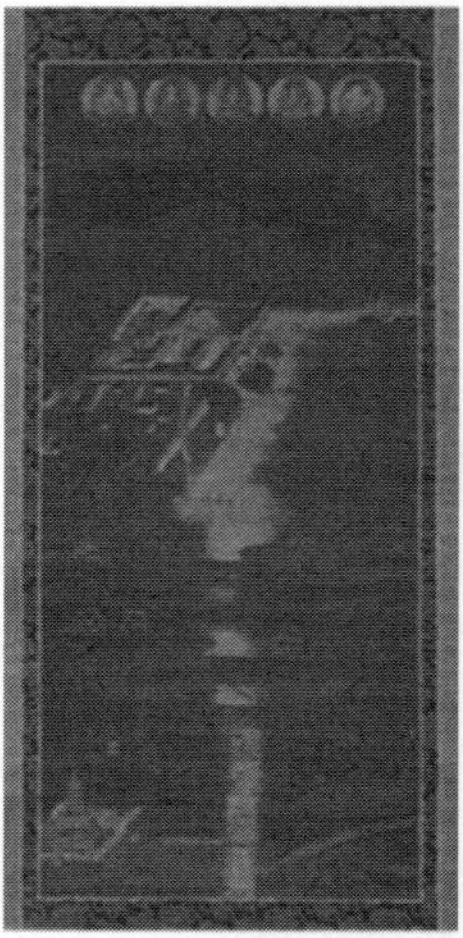

図31　『春日曼荼羅』 春日大宮・若宮の社殿の上方に、春日神の本地五仏が描かれている。（春日大社蔵）

を集めた仏でもあった。

本地垂迹の思想とともに、神に対して「権現《ごんげん》」の呼称が与えられるようになる。権現とは、「権《かり》」に「現」れる、の意で、神が本当は仏であることを示している。春日神は「春日権現」の名で呼ばれるようになるが、これは、その真の姿は仏である、という信仰からくる呼称なのである。

本地垂迹の信仰の広まりとともに「垂迹美術」と呼ばれる絵画や彫像が作られるようになる。本地仏と垂迹した日本の神の姿を、両者の関係がわかるように描いたもので、日本独自の信仰から生みだされた美術である。

『春日《かすが》曼荼羅《まんだら》』（図31）はその代表的な絵画の一つである。下方に興福寺を、そこより上に延びた参道の先の左に大宮の四殿を、右に若宮を描き、その上に、四神と若宮の五神それぞれの本地仏を描く図柄が一般的である。興福寺と春日社が一体となった神と仏の世界がどのようにイメージされていたのかがよく理解されよう。

神仏習合と神社建築の変容

神仏習合の思想によって新たな美術が生み出されただけでなく、社殿も大きく変貌した。日本の神は、山や森あるいはその向こうの異界に住んでいると考えられ、社殿は神を迎えるときに祭りをするための臨時の仮設的な構築物だったのが古いかたちのひとつであった。

図32　春日大社楼門（上）と廻廊（下）

日本人は、漢字「社」を「やしろ」と読んだ。「やしろ」とは「屋代」の意で、仮設的な建物であるといった考えをよく表わしている。

奈良の南にある桜井の大神《おおみわ》神社は、三輪山《みわやま》そのものがご神体であり、そのため本殿をもたない。麓の社殿は拝礼をするための拝殿であり、建物としての本殿はないのである。

八衢《やまた》の大蛇《おろち》から櫛名田比売《くしなだひめ》を救った須佐之男《すさのお》は、姫を妻として迎えるため

図33　薬師寺慈恩会竪義の行者（竪者）。写真中央奥の壁には春日神像、慈恩大師像がかけられている。春日大社の神火を灯して行を行う。（著者撮影）

の宮を作った。そのときに詠んだのが次の歌である。この歌に示されるように、神社建築として重要なのは、社殿よりも神がいることを示す聖域となる囲い「瑞垣《みずがき》」であった。

八《や》雲《くも》立つ　出雲《いづも》八重《やへ》垣《がき》　妻籠《つまご》みに　八重垣作る
その八重垣を

（雲が何重にも立ちのぼるという名の出雲の国。この出雲にいく重もの垣を巡らすように、妻を迎え、籠らせるための宮殿を作った。たくさんの垣を巡らすように。）

ところで現在、春日社は板塀ではなく、朱塗りの太い丸柱が支える立派な廻廊が四つの社殿を囲み、また廻廊と接続して、寺院のそれを思わせる楼門が聳え立っている。世界遺産にも登録された、こうした春日社の威容は創建当初のものではなかった。

興福寺が春日社との一体化を目指す中で、平安後期から鎌倉前期に興福寺の主導で廻廊などの造営が行われ、現在の春日大社の姿へと変わっていったのである。実は、寺院的な様式に改修することに対して、春日社の神職は抵抗を示し、春日神の意志を占いにより問うべきだと訴えた。しかしながら、春日神にとって良いことをするのに、そうしたことをする必要があろうかと、神職の要求はしりぞけられ、平安後期から鎌倉期にかけて数回にわたって改修が行われた。こうして、現在のような壮麗な春日社の建築へと発展したのである。

†神社建築の変容と仏教儀礼の執行

春日社には、廻廊のほかに、社殿とその外側を区切る瑞垣の外部に御廊《おろう》が建てられた。こうして、神社でありながら限りなく寺院様式に近づいたが、こうした改築は単にかたちの変化だけではなく、興福寺と春日神との距離をさらに縮めた。というのも板塀ではなく、廊という空間を持つ構築物が作られることによって、ここで興福寺僧侶が仏教儀礼を行ったり寝泊まり＝参籠《さんろう》したりして、春日神に祈願することができるようになったからである（松尾二〇〇三）。

興福寺の僧侶から、春日神はやがて「慈悲満行菩薩《じひまんぎょうぼさつ》」という名で呼ばれるようになる。

「満行」とは、期間を区切って目標を定めて行う修行を達成したことを意味する。

法相宗《ほうそう》大本山興福寺と薬師寺では、本山の僧侶としての資格試験「竪義《りゅうぎ》」が、宗祖慈恩《じおん》大師《だいし》を祭祀する一一月の行事「慈恩会《じおんね》」において、一生に一度だけ行われる。もし不合格になれば寺を去らなくてはならない厳しい試験である。その受験者を「竪者《りっしゃ》」というが、竪者は試験に先立って、寺内の小部屋に三週間の参籠をして修学《しゅがく》をする。その第一日目には、満行＝合格を祈願して春日社に参拝し、春日神の鑽《き》り火を頂く。参籠中は小部屋に春日神像を掛け、神像の前に春日の神火を燈し、春日神の加護を請い《こ》つつ行に励むのである。

3 国難により高揚する八幡信仰

†護国の神となった外来神

八幡神を祀る八幡宮や八幡神社は、全国でももっとも数の多い神社である。約一一万ある日本の神社のうち八幡宮・八幡神社は四万を超えて広域に祀られ、親しまれている。しかしながら、八幡神がいかなる神か、いかなる信仰から誕生したのかについては謎が多い。

一般的には八幡神は応神《おうじん》天皇であるとされる。八幡三神として、応神天皇とともに比売《ひめ》神・神功皇后《じんぐう》のほか、応神天皇の父仲哀《ちゅうあい》天皇をあわせて祀る八幡神社が多い。このように見ると日本神話以来の皇室と深く関わる神のようだが、「八幡大菩薩」とも称され、「僧《そう》形《ぎょう》八幡像」のように僧侶の姿で描かれて信仰される八幡もあり、仏教との関わりも深い。

「八幡」の文字が初めて出てくるのは『続日本紀《しょくにほんぎ》』（七九七〔延暦一六〕年）である。その読み方は、同記の七四九（天平勝宝元）年の「広幡乃八幡《ヤハタ》大神」や、平安時代の説話集『日本霊異記《りょういき》』の「矢幡《ヤハタ》神」のように、「やわた」と読むのが本来であった。

『日本書紀』には、神代に比売大神が宇佐嶋に降臨したと記される。七二五（神亀二）年、現在の地に御殿が造立されて八幡神が祀られ宇佐神宮となり、その六年後の七三一（天平三）年に、二之御殿が造立され、比売大神が祀られるようになった。その後、宇佐八幡宮が国東《くにさき》半島に二十八カ寺を配し、その中心となって統治しつつ水田開発を進め、信仰を集めたことは第一章で見た通りである。

八幡神は、しばしば託宣をする神としても知られている。七四八（天平二〇）年九月一日、八幡神は託宣して、

古《いにしへ》吾《わ》れは震旦《しんたん》国の霊神なりしが、今は日域《にちいき》鎮守の大神なり。（『宇佐託宣集』巻二、巻六）

と自ら出自を語った。八幡神は、異域震旦国（中国）の神であったが、日本国の護国の神となったと宣言したのである。

八幡神はその後、国家の外患内憂《がいかんないゆう》に深く関わって活躍した。

奈良に都を定めた時代、大和朝廷の列島支配は確固たるものとなっていたが、関東以北では蝦夷《えみし》が、九州では隼人《はやと》が大きな勢力を持っていた。そうしたなかで七二〇（養老四）年、九州南部で隼人の乱が勃発し、朝廷はこれを鎮圧しようとして宇佐八幡の神託を仰いだ。すると八幡神は「我、征《ゆ》きて降《くだ》し伏《おろ》すべし」と、自ら征討に赴いたという。

一方、東北は平安時代に、桓武《かんむ》天皇により征夷大将軍に任じられた坂上田村麻呂《さかのうえのたむらまろ》が八〇一（延暦二〇）年に胆沢《いさわ》城を築いて、蝦夷の討伐を行った。このとき城の北東の地に宇佐八幡神の神霊を勧請し、鎮守府八幡宮を創建したと伝えられている。鎌倉幕府の歴史書『吾妻鏡《あずまかがみ》』文治五（一一八九）年九月条には、源頼朝の、胆沢の鎮守府八幡宮参詣について記している。この八幡宮が坂上田村麻呂によって蝦夷征討の際に勧請され、弓箭《きゆうせん》や鞭などが納められ、今も宝蔵にあるなどの由来を記している。

その後、京都では八五九（貞観元）年に、奈良大安寺《だいあんじ》の僧行教《ぎようきよう》（空海の弟子）が、宇佐神宮にて「われ都近き男山《おとこやま》の峯に移座して、国家を鎮護せん」との神託を受け、翌八六

○（貞観二）年に清和天皇が石清水八幡宮《いわしみず》を創建する。石清水八幡は王城鎮護の神として皇室から篤く崇敬され、天皇・上皇・法皇が二〇〇回を超える行幸《ぎょうこう》、行啓《ぎょうけい》を行った。

†平将門と八幡神

平安中期には、平安京を都として列島統治のための律令体制が整い、官僚機構が確立する一方、地方では、兵馬・弓箭により武力を蓄える武士勢力が伸長しつつあった。

そうしたなかで大規模な反乱となったのは、桓武平氏の脈を引く下総《しもうさ》（現千葉県）の平《たいら》将門《のまさかど》の乱であった。将門は平氏間の同族の合戦の後、九三九（天慶二）年一一月に常陸《ひたち》国府を略奪して焼き払い、国守を捕らえた。さらに下野《しもつけ》国（現栃木県）・上野《こうずけ》国（現群馬県）の国府をも占領し、独自に関東諸国の国司を任命した。そして巫女の宣託によって将門は「新皇《しんのう》」を称するまでに至った。将門の勢いは武蔵《むさし》国、相模《さがみ》国などの国々も従え、関東全域を手中に収めた。

特に八幡信仰の上から興味深いのは、「新皇」就任の様子を伝える『将門記《しょうもんき》』の記述である。将門は国府に入ると府庁の四門を兵備して固め、関東諸国の国司の任命を行った。すると一人の巫女に八幡大菩薩が神憑《かみがか》りしてお告げをした。

我、八幡大菩薩は大軍勢を率いて、汝《なんじ》将門に位を授ける。これより、すぐに三十二相の楽を奏して、我、八幡大菩薩を迎えるように。

そこで、将門はこの託宣に従って繰り返し八幡大菩薩に礼拝した。そして将門は「新皇」と名づけられたのであった。

あらましは以上のようであるが、八幡大菩薩という、位の授与が菩薩によって行われたことが注目される。「三十二相」とは、釈迦の妙《たえ》なる美しい三二の相貌のこと。「三十二相の楽」とは、その釈迦の相貌を讃える音楽である。ちなみに薬師寺では「三十二相楽」が現在まで伝承され、第一章で言及した修二会「花会式《はなえしき》」において僧侶により歌われる。ここでは、巫女の神憑りによって八幡大菩薩が出現し、そこで釈迦を讃える「三十二相」楽が奏されたのである。

こうした仏教世界が現実のなかに作られ、そのなかで将門は新皇の位に就いたのであった。第一章で述べたように、当時の朝廷では、天皇が仏と一体となる転輪聖王《てんりんじょうおう》の資格によって国土が統治されていた。そうした天皇の王法仏法相依による統治の意識のもとに、将門は八幡神の力をも得て、それを実現しようとしたと、この『将門記』の記事を読み解くことができよう。

この将門の乱は、将門が新皇を名乗った翌九四〇（天慶三）年に、藤原秀郷《ふじわらのひでさと》を大将とする官軍によって平定された。朝廷を震撼《しんかん》させた将門の乱は、同時に西海で起こった藤原純友《ふじわらのすみとも》の反乱とともに「承平《じょうへい》・天慶《てんぎょう》の乱」の名で呼ばれるようになる。

朝廷は、純友・将門の乱に対して諸社寺に調伏の祈禱を命じたが、そのなかに石清水八幡宮もあった。はからずも八幡神と八幡神の対決になったわけだが、官軍の勝利により、朝廷・皇室の石清水八幡への崇敬はさらに高まったのであった。

✝鎌倉幕府と鶴岡八幡宮、流鏑馬と放生会

源頼朝《みなもとのよりとも》が征夷大将軍の位を得て、鎌倉に統治機構の役所を開設したことは、歴史上初めての公的な武家政権の幕開けを意味する。鎌倉の鶴岡《つるがおか》八幡宮は、幕府の政治の上で重要な役割を果たしたが、源氏と八幡の歴史は頼朝以前に遡る。

一〇六二（康平五）年、東北の安倍氏が起こした反乱（前九年の役）を平定したのは源頼義《よりよし》であった。頼義は翌年、石清水八幡を由比《ゆい》郷に勧請した。その後およそ一世紀を経て、一一八〇（治承四）年に頼朝によって八幡宮は現在の鎌倉の地（小林郷北山）に遷された。ちなみに、壇ノ浦の戦いで、栄華を誇った平家を頼朝の弟義経《よしつね》の軍勢が滅亡させるのはその五年後、一一八五（文治元）年である。

鶴岡での八幡宮創建とともに、年中行事を骨子とする祭儀も整えられる。その中でももっとも規模が大きいのが、一一八七（文治三）年に始行された放生会《ほうじょうえ》であった。放生会は、護国の経典たる『金光明最勝王経《こんこうみょうさいしょうおうきょう》』の経義に基づいて魚鳥を解き放つ仏教儀礼で、古代以来、寺社において宗派を超えて広く行われた。鶴岡の放生会は、本社石清水八幡宮に倣《なら》って始行された。

放生会の行事の内容は、『吾妻鏡《あずまかがみ》』文治五（一一八九）年七月一日条によれば、八幡神宝前における法会《ほうえ》と、これに続く童舞《どうぶ》（児による舞楽）、馬場での流鏑馬《やぶさめ》・馬長・競馬《くらべうま》などで、頼朝の出御《しゅつぎょ》のもとに執行された。『増鏡《ますかがみ》』には、

法会のありさまも本社にかはらず。舞楽・田楽・獅子がしら・流鏑馬などさまざま所にしつけたることどもおもしろし。

と行事の素晴らしさが記されるが、鶴岡の放生会では流鏑馬が行われる点が石清水と異なり、それが特色であった。頼朝時代には、御家人《ごけにん》に随兵《ずいひょう》・流鏑馬などの諸役が義務づけられていた。流鏑馬は、彼らを結集・組織する機会としての役割を担っていたのである。「幕府」の名は、それが軍事政権であることを意味するが、流鏑馬行事を含む放生会は、

武士団をまとめる御家人が奉仕する仏事、祭礼として重要な行事となった。

†伊豆・箱根修験と鎌倉政権

鶴岡八幡宮の神事・祭礼を考える上でまた見逃せないのは、箱根権現や伊豆山《いずさん》権現の修《しゅ》験《げん》勢力の協力であった。両権現社は、信仰上も軍事上も、鎌倉にとって重要であった。箱根山は、将軍頼朝の平氏との闘争の際には頼朝への支援を惜しまず、これに対して頼朝は常行三昧堂《じょうぎょうざんまいどう》をはじめとする社壇の整備を果たして報いている。(『筥根山《はこねやま》縁起 幷《ならびに》 序』元暦二〈一一八五〉年)

将軍が伊豆走湯《はしりゆ》・箱根の両山を参拝する「二所詣《もう》で」は頼朝以降の将軍にも継承された。その崇敬の深さは、例えば三代将軍実朝が参詣の際に詠じた、

伊豆の国や　山の南に　出る湯の　はやきは神の　しるしなりけり(「鎌倉右大臣家集」)

といった歌にうかがうことができる。『神道集』第七「二所権現之事」には、箱根三所権現と伊豆権現とが親子・兄弟・夫婦の関係にあると説く縁起が語られるように、伊豆・箱根は一体となった宗教文化圏として信仰を集めたのである。

一二八四（弘安七）年五月に鋳造《ちゆうぞう》された箱根山東福寺の浴堂の釜の銘には「関東静謐《せいひつ》武家安穏」の句が見え、鎌倉期には幕府に対する祈願を重要な活動としていたことがわかる。一方、伊豆山権現は歴代の将軍の崇敬を受け、「関八州《かんはちしゆう》の総鎮守」とされた。

鎌倉幕府は鎌倉の八幡宮を要とし、伊豆山・箱根山の宗教、軍事勢力によって関東をまとめ、さらに各国に守護・地頭を置いて全国の統治を行ったのである。

現在、鶴岡では八幡神を祀る九月一四日から一六日の例祭が一年でもっとも重要な年中行事で、放生祭と流鏑馬神事が行われる。放生祭はもともと仏教儀礼であった放生会を神事として行うようになったもので、神前にお供えした鈴虫を神宮の林の中に放す行事が行われる。流鏑馬は、頼朝ともゆかりの深い小笠原家の礼法により奉納される。

ちなみに、源頼朝が富士裾野《すその》で行った巻狩《まきが》りを起源とする騎射の儀礼は、武家の作法を伝える小笠原流や、武田信玄につながる武田流を伝える鎌倉の金子家によって、武術修練の神事として今日まで伝えられている。

4 海と八幡信仰

†モンゴル帝国、宋の滅亡と元の建国

鎌倉幕府は、頼朝の後、二代将軍頼家《よりいえ》を経て実朝《さねとも》が三代将軍に就くが、一二一九（建保七）年、実朝は鶴岡八幡宮への正月参拝の際に頼家の子公暁《くぎょう》に暗殺される。こうして、鎌倉幕府において源氏の将軍は途絶え、以後、北条氏が執権《しっけん》として実権を掌握《しょうあく》する。北条氏は、「得宗《とくそう》（徳宗）」と呼ばれ、「得宗専制」の体制により幕府を運営した。

この頃、当時の鎌倉政権にも打撃を及ぼすことになる世界史的な動乱が起こっていた。モンゴル帝国による宋の侵攻と打倒、そして元の建国である。

元は、モンゴル帝国のチンギス・カンの孫で、第五代皇帝に即位したクビライ（フビライ）によって建国された。一二三〇年代に宋はモンゴル軍と戦闘に入り、長江流域を挟み一進一退を繰り返しながら劣勢に陥り、一二七六年に事実上滅亡した。南部に退却して抵抗した宋の皇族・官僚・軍人らも一二七九年に広州湾の厓山《がいざん》で元軍に撃滅され（厓山の戦い）、宋は完全に滅亡した。モンゴルは一二二〇年頃より、満州から朝鮮半島にも侵攻し、

高麗《こうらい》は仕方なく元に朝貢《ちょうこう》することとなった。

こうしてモンゴルは大陸・半島を制圧し、さらに海洋の向こうの日本侵略の野望を抱いて列島に触手を伸ばしてきたのであった。クビライが日本との国交、というより実質的に日本の服従、朝貢を求め始めたのは一二六六年からで、一二六八（文永五／至元五）年に初めて日本と接触した。大宰府に到着した高麗の使節団により、「大蒙古国皇帝奉書《ほうしょ》（日本側呼称：蒙古国牒状《もうここくちょうじょう》）」「高麗国王書状」が届けられ、幕府と朝廷との双方で対応を協議した。「大蒙古国皇帝奉書」の文面は、一見、友好的でありながら、通交を結ばなければ武力により侵攻するだろうとの恫喝《どうかつ》といっていいものだった。

日本は元からの書状を無視したため、その後も高麗を通じた使節が訪れた。朝廷は「日本は天照大神以来の皇統を嗣《つ》ぐ神国《しんこく》であり、知をもっても、力をもっても、競い争うことはできないだろう」との返書を作成した。しかしながら、この書状は幕府の判断により遂に元に届けられることはなかった。

†蒙古との激戦と八幡神への朝廷の祈願

その後の交渉も進捗せず、ついに一二七四（文永一一／元・至元一一）年一〇月五日、三万人の兵士を載せた約八〇〇隻の艦船がまず対馬《つしま》を、さらに壱岐《いき》を侵攻、占領した。「てつはう（鉄炮）」と呼ばれる大爆音の出る手榴弾も使用され、その火薬兵器をも武器とした元軍の強さは圧倒的であった。元軍は、北九州の海浜に進軍して日本軍を撃破し、筥崎《はこざき》、宇佐まで乱入した。これにより、女性・子ども、老人まで数万の日本人が元軍の捕虜となり、日本軍は博多・筥崎を放棄して敗走した。しかしながら一〇月二一日の朝になると、元軍は博多湾から突如として姿を消していた。撤退した理由はよくわかっていないが、『八幡ノ蒙古記』には、次のように記されている。

日本軍が逃げ去った夕日過ぎ頃、八幡神の化身と思われる白装束三〇人ほどが筥崎宮より飛び出して元軍に矢を射掛けた。恐れ慄《おのの》いた元軍が海に逃げ出したところ、海から不可思議な火が燃え巡り、その中から八幡神が顕現したと思われる兵船二艘が現れて元軍に襲い掛かり元軍を討ち取り、沖に逃れた軍船は大風に吹きつけられて敗走した。

こうして日本は一二七四年の蒙古襲撃の危機を脱したが、元は日本侵攻を諦めなかった。兵士も艦船も増強して七年後の一二八一（弘安四／至元一八）年一〇月、四〇〇〇隻超の艦船を率いて、一〇万人を超える兵力で、元・高麗連合軍が日本に進軍したのである。この兵力、装備は当時、世界最大、最強であった。文永の侵攻と同様にまず対馬・壱岐を襲撃し、さらに北九州沿岸に多大な被害を与えた。しかしながら蒙古軍の間に疫病が蔓延し、さらに台風による被害を受けて日本から撤退したのだった。

蒙古からの襲撃に備えて朝廷側では、一二七一（文永八）年に、後深草《ごふかくさ》上皇が石清水八幡宮へ行幸して異国の兵の撤退を祈願した。また文永の役に際しては、亀山上皇が石清水八幡宮へこの報賽《ほうさい》のため自ら参拝し、夜を徹して勝利と国土安穏の祈願を行った。

朝廷だけでなく幕府も、元からの使者が来航した直後から、石清水八幡宮、宇佐八幡宮をはじめ主な八幡社のほか伊勢神宮・住吉大社、東大寺・延暦寺・東寺など諸国諸社寺で異国調伏の祈禱や祈願、奉幣を盛んに行った。

†神功皇后信仰の高まり

蒙古襲来は日本の前近代において多大な犠牲者を出した国難だったが、八幡神はそのときから、日本国の救済を遂げた神として崇敬が高まった。また想起されたのは三韓（朝鮮半島の馬韓《ばかん》・弁韓《べんかん》・辰韓《しんかん》）征伐を行った神功皇后の故事で、皇后に対する信仰も高まった。

弘安の役《えき》で蒙古・高麗連合軍が土井ケ浜《どいがはま》（山口県）に襲来した時、その撃退は容易ではないことを悟り、神功皇后に祈願したところ、神威により蒙古軍を撃退することができた。その感謝として、一二八八（正応元）年に神功皇后神社が創建された。当社では、蒙古襲

図34 『蒙古襲来絵詞』蒙古兵と戦う日本の武士。鉄砲の炸裂する様子も描かれる。（九州大学付属図書館蔵〔模本〕）

来による死者の御霊を鎮め、悪疫退散と平和を祈って七年に一度、浜殿祭《はまどのさい》（浜出祭《はまいでさい》）が行われている。

また、伊勢神宮内の風宮《かぜのみや》は、蒙古襲来の際のご神威による猛風で敵軍を撃退し、国難を救ったという霊験《れいげん》により一二九三（正応六）年に別宮に昇格した。幕末には欧米列強諸国による日本侵略の危機に見舞われるが、その際、蒙古軍撃退の記憶が喚起され、朝廷は一八六三（文久三）年に一五日間にわたる攘夷《じょうい》祈願を風宮に捧げた。

島根県の石見《いわみ》神楽《かぐら》には、神風によって蒙古軍を壊滅《かいめつ》させた風宮の徳を神楽にした「風の宮」の舞いが伝えられている。風神級長津彦命《しなつひこのみこと》が、悪鬼の姿で登場する蒙古軍を退治する舞いである。

このように外敵撃退の歴史が信仰と結びつき、儀礼や芝居となって、国難、辛苦の歴史が伝えられているのである。

†日本の海賊――倭寇以前

蒙古の襲撃に対処する頃、日本側からは大陸・半島まで航海する海賊の活動が活発になる。蒙古の日本襲撃が元の国家事業としての侵略であったのに対し、倭寇は、小規模な民間のならずもの集団による他国に対するゲリラ的な不法行為であった。彼らは武装し、他の商船を襲撃して交易品である積荷を奪ったり密貿易を行ったりし、「倭寇《わこう》」の名で呼ばれ恐れられた。

「倭寇」の名が歴史上最初に登場するのは、高麗王朝（九一八年～一三九二年）の事跡を記した歴史書『高麗史』高宗《こうそう》一〇（一二二三）年の記事である。同記一三五〇（庚寅）年二月には「倭寇の侵すは此《これ》より始まる」と記される。つまり「倭寇」の名は、外国によって名づけられたのである。

倭寇は日本を越えて半島、大陸まで航海し、商売にとどまらず、しばしば他国の船の襲撃などの暴挙に及んだ。外洋を越える外国との交易は、奈良から室町時代、隋・唐・宋・明《みん》の時代までは国家事業であったが、中世、鎌倉後期から民間人も外洋を越えて交易をするようになっていたのである。

日本の海賊の歴史は「海賊」の語とともに古い。先に触れた紀貫之『土佐日記』には、任地土佐から京都へ戻る船旅の途中、海賊におびえる様子が記されている。そこからは、瀬戸内海に海賊が跋扈《ばっこ》していたことがわかる。これに対して貫之らは、海に幣（おそらく紙を小さく切った切り幣《ぬさ》）を撒き捧げて、海の神に海上の安全を祈っている。
この海賊行為が、約三世紀後、蒙古が襲来した鎌倉期頃から、国内にとどまらず、外洋に出て半島、大陸に被害を与えるまで勢力を拡大するようになるのである。

†海と八幡「ばはん」

「倭寇」の名は朝鮮半島から始まり、日本でも「海賊」を意味する語として広まるが、日本ではこの海賊行為を「ばはん」と呼ぶ新たな言葉が生まれる。この言葉には「八幡」の漢字があてられることが多かった。それは海賊船が八幡の旗を掲げたためと考えられ、そのような船は「八幡船《ばはんせん》」と呼ばれた。中世後期、戦国時代に海賊船が八幡の旗を掲げ、外洋を出て被害を与えていたことについて、香西成資《かさいしげすけ》記の『南海通記』巻八「予州能嶋《よしゅうのしま》氏、大明国《だいみん》を侵すの記」には、次のように記されている。

明《みん》の世宗《せいそう》帝、嘉靖《かせい》年中に倭の賊船、大明国に入りてその辺境を侵すことあり。（中略）その国々の薩摩・肥後・肥前・博多・長門・石見・伊予・和泉・紀伊の賊船となり、四国伊予の能島《のしま》・来島《くるしま》・院《いん》の島の氏族、将帥《しょうすい》となりて諸州を誘き来らするもの也。（中略）海島の賊船の集り寄て、力を合て外洋に出てその海辺を侵すもの也。故《ゆえ》に異邦人これを名づけて西海の倭と云ふ也。この時、我国の賊船、各々《おのおの》八幡宮の幟《のぼり》を立てて洋中に出て、西蕃《せいばん》の市船を侵し掠《かす》めてその財産を奪ふ故に、その賊船を称して八幡船と呼ぶ也。

九州・四国から紀伊半島までの海賊を、伊予《いよ》の能島《のしま》、来島《くるしま》、因島《いんのしま》の氏族が大将となって率いたと記され、瀬戸内を中心に活動した村上水軍の記述として注目される。村上水軍は海賊行為だけでなく、渡海する船の警護も行い、戦国期には毛利軍の水軍としても活躍した。『南海通記』は、村上水軍と倭寇の両者が関係を持っており、外洋に出て海賊行為をはたらく船が八幡宮の紋の旗を立てており、そこから「八幡船」と呼ぶのであると説明している。「異邦人これを名づけて西海の倭と云ふ」と記されるように、「倭寇」の名が外国によって呼ばれたことを明確に認識している点でも興味深い。

†多国籍海賊だった倭寇

なお引用部冒頭で、明の嘉靖年中（一五二二～一五六六）における「倭の賊船」とあるが、倭寇とはいっても、その内の日本人は一〇～二〇％に過ぎず、大部分は明国の浙江《せっこう》・

図35　明船（左）と戦う倭寇（右）（『倭寇図巻』東京大学史料編纂所蔵）

福建《ふっけん》地方からの明国人密貿易者であった。当時、マカオを拠点として海洋交易を行っていたポルトガル人が、南シナ海より東アジアにまで進出し、加わっていたことも明らかにされている。中世後期には、大陸や半島の民間人も加わり、ときにヨーロッパ商人まで参入して、多国籍海賊団となっていたのである（秀城二〇〇四）。

なお『南海通記』中の「八幡船」は「はちまんせん」「はちまんぶね」と読んでいた可能性もあるが、近世期には「八幡船」は「ばはんせん」と読むのが一般的となっていた。「ばはん」は、海賊行為を意味する言葉として、中世後期以降、定着した。これは「八幡」の中国語音の読みであるが、日本では「八幡」、あるいはひらがなで「ばはん」と表記されることがもっとも多かった。このほか「番販」「奪販」「謀叛」「婆波牟」という

図36　因島、村上水軍まつり（広島県尾道市）。横二本線の八幡大菩薩の印を組み合わせた村上水軍の家紋旗を掲げた伝令船「小早」。

漢字があてられ、また中国では「発販」「破幡」「破帆」「波発」「白波」「彭亨」と書かれて、日本語と同じく「バハン」と発音されたという（『日本大百科全書（ニッポニカ）』「八幡船」）。こうしたことから「ばはん」の語源は外来語である可能性が高いと考えられている。

倭寇からも信仰された八幡神

八幡は、戦勝祈願の神、武家の守護神として信仰される神霊から、蒙古襲来という国難を契機として護国神としての性格を強めた。その一方で、日本から大陸・半島に遠征した倭寇の船が実際に八幡の幟《のぼり》を立てたことから、他国に被害を与える海賊行為や、海賊船を意味する語「ばはん」となり、「八幡」と結びつけて使われるようになっていた。護国の守護神となる一方、反国家的な非合法な行為に及ぶ一群からも、その神威が期待されるように、多様な層からの信仰を集める神霊となっていたのである。

一九六〇年には東映が、村上水軍や因島などの史実を織り込みつつ、ニセ八幡船をめぐる物語映画『海賊八幡船』を製作している。大川橋蔵《はしぞう》が主演したこの時代劇では、八幡大菩薩の旗印をかかげた八幡船が登場し、南海の大海戦などが大きな見どころである。村上水軍の若大将と琉球の娘とのロマンスや、寄港した南海の架空の島での原住民の襲撃など、琉球（当時、沖縄は米国施政下にあり、まだ日本に返還されていなかった）や南方の孤島、その原住民に対する、当時の日本人のイメージや憧憬を知る上でも興味深い。

歴史も信仰も、時代の要請にあわせて再解釈されたり脚色されたりして娯楽作品となり、新たな時代の文化創造の原動力となる。その中での異国のイメージや理解は、たとえ史実や現実と乖離《かいり》していたとしても、各時代の文化としての重要な意義をもっている。と、かつてであれば躊躇《ためら》いなく言うことができたが、人や情報、知識のグローバル化が進み、深化する現代に異国をどのように理解して描くか、相手国の理解や関係への配慮が必要な時代に突入している。

『隠語大辞典』によれば、「ばはん」の語は、反則や規則違反を意味する語として現在も広島県で使われているという。村上水軍が拠点とした瀬戸内海に面した地域において、近現代までこの語が生きてきたことは、彼らの活動が地域においては身近であり、記憶され続けたことを示すものであろう。

†第Ⅱ部結び

第Ⅱ部では、平安時代、古代後期から中世における、現代の盆行事や法事へとつながる浄土信仰の庶民への広がりや、山・海といった自然と結びついた神仏信仰の形成について辿ってきた。そうした信仰の形成が、海に囲まれた列島において、外国と没交渉に行われたわけではなく、モンゴル帝国の成立による海を越えての襲撃や、日本からの大陸・半島への海賊の襲撃とも関わっていた実情をみてきた。

神道や神社と結びついた日本的な仏教の広まりは、戦国の内乱期を経て、地域社会が比較的安定する江戸時代に、自然に拡大、展開したわけではなかった。

現代において日本人の家庭の多くが特定宗派、寺院に所属する檀家となったのは、江戸幕府の政策によるものである。それは日本列島や中国大陸を支配しようとするスペインやポルトガルなどの野望、それと結びついたキリスト教宣教師の排除を目的とした禁教政策と表裏をなすものであった。

一方、戦国期を経て江戸幕府が成立するのとほぼ同時代に隣国中国では、漢族が統治する明朝が満州族によって滅ぼされ、人口の上では少数であった清朝が大陸を支配するといった大激変が起こっていた。こうした混乱の状況にあった中国から、新たな仏教として禅宗の一派である「黄檗宗《おうばく》」が伝えられる。この黄檗宗の寺院が、一六世紀に伝来し約一〇〇〇年を経て日本化していった他の寺院と異なるのは、華僑などを通じ現代に至るまで中国との強い結びつきを保っていることである。

ヨーロッパの大航海による東アジアへの進出、中国の政治体制の転換、当時非合法とされた民間貿易の拡大といった状況はグローバル時代の幕開けともいえる。

次の第Ⅲ部では、こうした新たな世界情況のなかでの、日本の地域レベルでの宗教・信仰のあり方の変容について考える。

Ⅲ キリスト教と仏教東漸【近世】

第五章　日中・日蘭交易と信仰――江戸時代の文化

1　ヨーロッパの大航海時代と日本・中国――変わる国際秩序と信仰、儀礼

†華夷変態の時代――満州族による清朝建国の衝撃

ヨーロッパが新大陸へと進出したことによって世界地図が塗り替えられる一方、隣の大国、中国では、国内の大政変が起こっていた。

一六四四（崇禎《すうてい》一七）年、李自成《りじせい》が率いた農民の反乱軍が西安を陥落させ、国号を「順《じゅん》」として元号を永昌《えいしょう》と改める。その後、北京に入城して順治帝《じゅんちてい》を自害させ、大明国は滅亡した。しかしそのわずか四〇日後に、名称を満州に改めていた明の冊封《さくほう》下にあった女真族《じょしんぞく》が万里の長城を越えて侵入して李自成を滅ぼし、北京を都として満州族（女真族）に

よる帝国清朝《しん》を樹立したのである。少数民族である満州族が、人口では圧倒的多数の漢族を支配するという大きな政治的転換であった。

清朝は、明代の漢族の統治機構を尊重し基本的には継承した。しかしながら、衣装・頭髪に関しては漢族の習俗を禁止し、「剃髪易服《ていはつえきふく》」を強要した。髪を剃って辮髪《べんぱつ》にし、衣服を満州族の民族服にもとづくものとする政策である。

『清代民族図志』（李澤奉・劉如仲編、青海人民出版社、一九九七）には、高山族（カオシャン族）・壮族（チワン族）・瑤族（ヤオ族）・蒙古族（モンゴル族）・回族（ウィグル族）・苗族（ミャオ族）・蔵族（チベット族）・侗族（トン族）・白族（ペー族）・布依族（プイ族）・納西族（ナシ族）・傣族（タイ族）など、四〇以上の少数民族が、清代における習俗とともに衣装が彩色された図により紹介されている。その多くの少数民族の装束、被り物は清朝風になっている。清国の統治が少数民族にまで及ぶ強固なものだったことが知られる。

ちなみに、中国の民俗衣装として知られるチャイナドレスは、現代の我々に「中国」をイメージさせ、象徴する伝統衣装であるが、実はChina Dressは和製英語である。英語ではMandarin Dress, Mandarin Gown（清朝風・満州族風衣装）と表記される。

チャイナドレスは、清代、満州族の装束を起源とする衣装である。清朝が打倒され、一九一二年に中華民国が成立すると、中国の近代化＝西欧化が急速に進み、衣装も洋服の影響を受けて変化する。そうして一九三〇年代にワンピース仕立てにすることが考案され、現代のチャイナドレスの原形ができあがったのである。しかしながら、共産党政府、毛沢《もうたく》東《とう》の時代、一九六〇年代の文化大革命時には、伝統や宗教・信仰が迷信として否定される中で、伝統服としてのチャイナドレスも認められず、男女ともに人民服が強要された。多くの一般家庭では紅衛兵《こうえいへい》（伝統的な習俗などを否定し、文化大革命を推進した青年、学生の組織）に発見されることを恐れ、家庭にあったチャイナドレスも廃棄の運命を辿った。

左右の衿《えり》を重ね、腹や腰のあたりを帯で結ぶ日本の和服・浴衣《ゆかた》や、朝鮮半島のチョゴリは、古代以来の連続性、伝統を感じさせる意匠である。一方、例えば「漢服」と呼ばれる、『三国志』の登場人物の衣装を見て、それが変化、発展したものとしてチャイナドレスをイメージすることは難しい。中国は、政変や政権の交代が前代の文化や伝統を否定し、分断する歴史を歩んできた。そうした歴史を衣服からもうかがうことができるのである。

日本では、江戸に幕府が開かれ、社会が安定期に入る頃、中国では明国が打倒され、清朝が樹立されるという大政変が起こっていた。日本は、この政変を「華夷変態《かいへんたい》」と呼んだ。「華」とは中華のことで漢族を意味する。「夷」とは漢族から見たそれ以外の蛮族のことで、ここでは満州族を意味している。「華夷変態」とは、少数の満州族が漢族を統治する激変を意味する表現で、日本は隣国の動乱を驚愕して見ていたのである。

†鄭成功による台湾占拠、東都の建国

満州族の王朝である清国に対し、雲南《うんなん》・広東《かんとん》・福建《ふっけん》の三藩のほか、都を逃れた旧明国の皇族たちは各地で亡命政権を作った。鄭芝龍《ていしりゅう》はそうした一人であったが、清朝の説得によって清朝に服属する。しかしながら、子の鄭成功《ていせいこう》の懐柔を果たせず、処刑される。

鄭成功は清と戦い続け、一六五八（明：永暦一二、清：順治一五）年には北伐軍《ほくばつぐん》を興し北進するが、南京では大敗した。その後、勢力を立て直すための拠点としてねらったのが台湾であった。

台湾は、日本の西南端、与那国島《よなぐにじま》の浜辺からは海の向こうに見えるほどの近さであるが、沖縄系の日本人でも、漢族、あるいは漢族に支配されていた大陸の少数民族でもない、オーストロネシア系の原住民が住む九州ほどの島であった。それが一六二四年以来、オランダ東インド会社が東アジア貿易を行う拠点として、統治下に置くようになっていた。

一六六一年に鄭成功は、その台湾のオランダ東インド会社を攻撃し、翌一六六二年にはオランダ人が拠点としていた西洋風のゼーランディア城（熱蘭遮城）を陥落させ東インド会社を台湾から駆逐した（ゼーランディア城包囲戦）。台湾における漢族の統治は、この鄭成功の政権が史上初めてであった。

鄭成功の艦隊は海上からゼーランディア城への砲撃を行った。この戦闘において彼らを加護したのは、彼らが艦船や戦場に安置して祀った女神媽祖《まそ》であった。鄭成功はゼーランディア城に入場すると、その教堂に媽祖神を祀った。また、媽祖が戦闘を援《たす》けたことを感謝し、台南に鹿耳門天后宮《ろくじもんてんこうきゅう》が建てられた。大陸から日本に来航した清国商人も、長崎に滞留する間、媽祖を祀ったが、その信仰や祭儀については、あらためて見てみたい。

清朝にとって、台湾を拠点とした鄭氏の抵抗は手強かったため、従来の海禁政策を強化し、一六六一年には「遷界令《せんかいれい》」を発布して対抗した。海禁策とは、密貿易や倭寇などの海賊の取り締まりを目的とした航海禁止の政策である。鄭成功に対抗するために、これをさらに強化し、現代の山東省から広東省まで、東シナ海から南シナ海沿岸の全住人を強制的に海岸の内側、内陸地帯に移住させ、沿岸部を無人化したのが「遷界《せんかい》」政策である。この政策は、鄭成功が沿岸部の住民から食糧などの物資を補給するのを防ぎ、海上に孤立させるためのものであった。

オランダを駆逐した鄭成功は台湾を「東都《とうと》」と名付け、さらに一六六四年、息子鄭経《ていけい》の時代には「東寧王国《とうねい》」と改称した。しかし一六八三年、清朝の将軍施琅《しろう》の艦隊が鄭氏を破って公式に台湾を併合し、台湾は福建省に帰属することになった。

†歌舞伎『国姓爺合戦』

この間、日本も隣国のこの状況に無関心だったわけではなかった。幕府などの、海外の情報を入手できる政権中枢だけでなく、一般庶民に至るまで、こうした海の彼方の異国どうしの事件についての情報を、ほぼリアルタイムで理解していた。鄭成功が日本人を母として平戸で生まれ育ったことも、日本人が大きな関心を寄せていた一因であったろう。

人形浄瑠璃《じょうるり》『曽根崎心中』（初演一七〇三〔元禄一六〕年）の大ヒットで名をあげていた浄瑠璃作者・近松門左衛門は、鄭成功を主人公とする『国姓爺合戦《こくせんや》』（『国性爺合戦』）を書き、一七一五（正徳五）年、大坂の竹本座で初演した。公演は三年越し一七カ月にわたるロングランという大変な興行成績を打ち立てた。鄭氏政権の滅亡から二〇年を経て、隣国の政変が大河風のドラマとして物語化され、大きな人気を博したのである。

タイトルの「国姓爺」は、主人公鄭成功のことを意味している。「国」の「姓」とは、中国や朝鮮など、儒教的な思想に基づく帝王の姓のことを意味している。劉邦《りゅうほう》が高祖となった漢の劉氏、朝鮮王朝の李氏、清朝の愛新覚羅《あいしんかくら》氏などがよく知られている。明国の初代皇帝は朱元璋《しゅげんしょう》である。満州族の清朝を打倒し、漢族の明国の復興の志を立てて戦う鄭成功に対して、「朱」の国姓が賜られたのである。鄭成功は「朱成功」となったが、彼はこれを恐れ多いこととして固辞したことから、「国姓爺」の名で呼ばれるようになった。「爺」は、日本語で男性を親しんで呼ぶ「大旦那」「大親分」の語感に近い。中国でも歴史的なヒーローとして親しまれたのである。

近松の浄瑠璃では、鄭成功は「和藤内《わとうない》」の名で登場する。漢族の父と日本人の母との間の子どもとして、「和（＝日本）でも藤（＝唐）でもない（内）」という、江戸時代らしい洒落を含んだ命名である。『国姓爺合戦』は、脚色を含んだ物語的な要素が強いことから『国性爺合戦』と「姓」の一字を「性」に改めて上演されるようになった。

近松のドラマでは、鄭成功は明国復興のために平戸から大陸に渡る。異国において、虎を組み伏せ従わせる場面「千里が竹の虎退治」も人気が高い。朝鮮で虎退治をしたことで有名な加藤清正の歴史などが意識されているものと考えられる。満州族の兵士などは「韃《だっ》靼《たん》人」として登場するが、父鄭芝龍とともに国性爺鄭成功は南京城を攻め、韃靼人の敵を倒し勝利して、皇子を位につけて舞台は幕を下ろす。

日本で作られたこの人形浄瑠璃作品は、歌舞伎としても演じられ、現代でも和藤内の荒事が人気を博し、繰り返し上演されている。一九五四から一九五五年には、結城座《ゆうきざ》による人形劇としてNHKで放映された。

二〇〇〇年代には、日中国交正常化三〇周年記念作品、日活創立九〇周年記念として日中の合作により『英雄・鄭成功傳』が製作された（二〇〇一年、邦題『国姓爺合戦　英雄・鄭成功傳』）。中国軍主力三部隊、エキストラ二万五〇〇〇人、軍艦二〇〇隻を動員して、鄭成功軍とオランダ軍との海洋での激戦をも描いた。日本人の母・田川マツは島田陽子が演じた。大陸・台湾・日本を舞台とし、漢族、満州族、ヨーロッパ人が東シナ海での覇権を争う歴史ドラマは、中国、台湾、日本の現代の政治、社会的な状況下で、それぞれの国の人々の関心を呼び、惹きつけている。

鄭成功は日本生まれで、日本人との混血児であるものの、特に台湾では「開発始祖」として精神的支柱となり、孫文《そんぶん》、蔣介石《しょうかいせき》とならぶ「三人の国神」の一人として尊敬されている。台湾を施政下に置く中華民国と、大陸の中華人民共和国との、中国が実質的に二つに分裂する状況下にある現在、特に台湾での人気は絶大である。

†日蘭貿易と平戸オランダ商館

徳川家康が将軍となって、徳川幕府が開かれるのは一六〇三年。家康は既に、オランダとの貿易を許可する朱印状をリーフデ号に生き残っていた乗組員に託し、彼らが日本のジャンク船でパタニ王国（現タイ南部パッターニー県で、ラジャ・ビルなど女王が統治したマレー系のイスラム国）に到着した一六〇五年、ようやくオランダ側の手に渡った。この朱印状は現在、オランダのハーグ国立中央文書館に保管されている。

幕府は、カトリック国のポルトガル・スペインを排除しながらも、西欧の文物や知識の先進性を理解し、さらに西欧諸国の外国への進出をはじめとする国際情勢を分析することが重要であると認識していた。実際にオランダ船が日本の港に入港したのは一六〇九年。東インド会社の最初の公式船団二隻が平戸に到着し、オランダからの国書が届けられ、こうしてオランダとの国交が結ばれて、公的な交易が開始されたのであった。オランダ商館は当初、平戸に建てられ、日本との交易の拠点となった。

ヨーロッパの脅威を痛感する一方、幕府は開府当初はむしろ海外交易に熱心であった。将軍家康は、海外渡航の許可証として「朱印状」を発行して交易を認め、安南（ベトナム）・スペイン領マニラ・カンボジア・シャム・パタニなど、東南アジア地域との国交を樹立する。一六〇四年に朱印船制度を確立し、一六三五年に制度を撤廃するまでの間、三五〇隻を超える船が海外へ渡航した。アユタヤ王朝のためにスペイン艦隊を退けた山田長政のような武人は、この頃、東南アジアに渡った代表的な日本人である。

この間、明・清国は海禁策により日本船の来航を禁じていた。そのため、中国の高品質の生糸や砂糖を欲していた日本は、中国からの密貿易船のほか、オランダを介した交易に頼らざるを得なかった。

†大陸で続くオランダの暴挙

一六二四年、台湾島南部を制圧し、奥倫治城《オラニエ》、熱蘭遮城《ゼーランディア》などを拠点に活動したオランダの東インド会社は、福建省、広東省沿岸部から大量の漢人移住民を労働力として募集し、彼らに土地開発を進めさせるが、島内では漢人の反乱も起こり、その鎮圧によって一万人以上の漢族系住民が殺害されたという。オランダによる台湾統治は三〇年を超えたが、三七年後、先に見たように、台湾総督コイエットの率いるオランダ部隊が一六六二年に鄭成功との戦いに敗れて、台湾から完全撤退する。その鄭氏政権も一六八三年、清軍の艦隊の前に敗退し、台湾は清朝の統治下に置かれることとなった。

オランダは台湾を鄭成功に奪われたが、ポルトガル・スペインに対抗するためにも、日本との貿易のさらなる振興のためにも、中国への関与を試みていた。

台湾の編年資料『台湾外記《がいき》』巻六によれば、一六六四（康熙三／永暦一八）年、台湾から撤退した台湾総督コイエット（中国語表記：揆一）が率いる軍兵は、清朝が海禁策をとっていることを知りながら、観音の聖地、浙江省の普陀山《ふださん》に上陸し、襲撃した。

彼らは寺内に侵入して、観音や羅漢の像を見るなり、「鬼也！」と叫び、直ちに刀を抜いて、仏像を破壊し、強奪の限りを尽くしたのだった（『台湾外記』巻六）。しかしながら、彼らが普陀山から撤退すると、港を出るなり雷鳴が轟き、艦船は洋上で暴風雨にさらされた。これにとどまらず、海中より鉄の蓮華《れんげ》が出現しオランダ船に突き刺さって船は沈没し、海上は死屍《しし》累々《るいるい》となったという。『台湾外記』にはまた、この鉄蓮華は今も残っていると記されている。説話的な潤色が加えられているが、これと関わる記録が、日本側にも見られる。

†商品となる仏像と観音の仏罰

西川如見《にしかわじょけん》の『長崎夜話草《ながさきやわぐさ》』は、台湾を追われたオランダが福建で商売をしようとしたものの、充分な利益が上げられなかったこと、その怒りのままに普陀山に侵入し、聖地に入ると、「大銃《いしびや》」すなわち大砲で砲撃して、「寺院堂塔を打崩《うちくづ》し、仏具・器財を乱奪《らんだつ》して」去っていったことを記している。その後、『台湾外記』が記すような、暴風雨の中、鉄蓮華に破壊されて沈んだことは記されていないものの、なんとその一六六四（寛文四）年、この同じ船と思しき船が長崎港に入ってきた。

ところが入港した翌日の荷卸しの日に、朝から船より煙が立ち上り始めた。はじめ、飯炊きの煙だろうと眺めていると、煙は黒煙となって勢いを増し、船火事であることはまちがいなかった。この船には弾を込めた大砲が二筒あることを長崎の人々も知っていた。着火して町に弾が飛んでくるのではと、長崎の町人はうろたえたが、船員は急いで筒口から水を流し込み、弾の飛来はなかったものの帆柱《ほばしら》も焼け倒れてしまった。長崎の人々は普陀山での彼らの狼藉のことを知っており、仏罰が当たったのだと皆、口々に言い合ったが、「さて、当のオランダ人たちは、どのように思っているだろうか」と、西川如見は書き結んでいる（「紅毛船普陀山、乱暴之事、付、紅毛船出火之事」）。

このオランダ人の普陀山での狼藉については、実は、日本にやってきた清国の商人も『台湾外記』にはない具体的な事柄を語っている。（『華夷変態』巻一二、貞享四年・康熙二六年〔一六八七〕「五十四番普陀山船之唐人共申口」《ふださんせんのとうじんどももうしぐち》）

この商人が船出してきた普陀山は、古来の観音の霊地であり、先の明の時代には、明末の皇后が振興のために力を尽くし、さらに壮麗な堂塔伽藍を備えていた。この数十年の海禁策により、沿岸部の住人は内陸部に居住地を移したため海浜部は閑散としたが、普陀山は海上に浮かぶ島でありながら、清代に至ってもその威容を誇っていた。ところが、先にオランダ船が普陀山に侵入し、堂塔伽藍を破壊し尽くし、仏像をも打ち砕いたのだった。……と、ここまでは『台湾外記』の記録とほぼ一致しているが、清国商人の証言は、さらに詳細を証言している。

仏像には、五臓六腑《ごぞうろっぷ》として体内に七宝・宝石などが蔵されているが、オランダ人はそれを知っており、大といわず小といわず多くの仏像を打ち砕き、仏像内から宝飾品を奪い去っていった。堂塔のみならず、仏像までも破壊された普陀山のダメージは甚大で、これを契機として普陀山は見る影もないほどに零落した。

清国商人の証言は以上だが、仏像から宝飾品を抉《えぐ》り出して奪い去っていったのは、高額な価値を有する宝飾を日本やヨーロッパなどへの、東インド会社の輸出商品としようとしていたこと、あるいは戦利品として彼ら自身のコレクションとして獲得しようとしたためであると考えられる。

†オランダ旗を掲げていた清国船、琉球国船

オランダは、日本のように相当の軍事力を保有して海上警備に当たり、交易国として利益を獲得できる相手に対しては紳士的であった。その一方で弱小国に対しては、大砲・鉄砲などで軍備した海洋船で海賊行為をはたらいた。アジアの海でポルトガル船をも襲撃するといった、ヨーロッパの国どうしの抗争も繰り広げるなど、武装した横暴な海賊集団でもあったのである。

こうしたオランダによる隣国の蹂躙《じゅうりん》をはじめ、東シナ海・南シナ海へのヨーロッパの進出や、中国、マカオ、フィリピン、マニラ、インドネシアのオランダの交易拠点化（東イ

ンド会社）など、かなりの程度のことを、日本では庶民階層までが興味を持って情報を入手していた。

出島の東インド会社の商館を拠点に、日本とは紳士的な商売を行ったオランダは、海上では清国船や琉球船を大砲・鉄砲などを武器に襲撃し、積荷を強奪する海賊でもあった。清国商人の訴えを受けて江戸幕府は、清国船への「ばはん」行為、襲撃をやめるよう、オランダ商館の商館長（カピタン＝キャプテン）に対して次のように通達している。

一、日本渡海之唐船《とうせん》、バハン仕るまじき事。以上、右の趣《おもむき》、通事《つうじ》をもってカピタンにあいこれを達し、御請《おんうけ》申し上げ候ふ旨《むね》の事。（『通航一覧』巻二四三）

倭寇が八幡旗を船に掲げて海賊行為を行っていたことから、「八幡」の中国語音読み「ばはん」が海上での略奪などを意味することとなったことは先に見たところであるが（第四章）、大航海時代には、いずれの国の船かを問わず、海上での暴力行為や密貿易を意味する言葉として使われるようになっていた。

近世において、長崎に入港してくる清国船や那覇《なは》港の琉球国船をよく見ると、驚くべきことにオランダ国旗を掲げている船がある。これは江戸幕府から、オランダが清国船や琉球国船を襲撃しないようにとの要請を受け、清国船や琉球国船が、親オランダであることを示すために掲げるようになったためで、こうした特徴からも、日本・オランダ・清国・琉球国間の政治や、海洋での国際関係を見ることができるのである。

2 媽祖信仰と黄檗宗——新たな仏教東漸

†航海と船内での媽祖祭祀

先にオランダが占拠していた台湾を攻略した鄭成功と媽祖神《まそ》について述べたが、媽祖は仏教の仏・菩薩・如来ではない。宋代、福建の実在の女性「林黙娘《リンモウニャン》」を起源とする中国の民俗神である。明・清代に、中国沿岸の漁民や航海をする海商を中心に信仰が広まっていった。同時に中国の護国の神として「天妃《てんぴ》」「天后《てんこう》」の呼称を与えられ、国家による祭祀も行われた。また、仏教の観音と同体視され（平木一九八四参照）、その信仰は、大陸の内陸部や、海商を通じて日本だけでなく東南アジアまで、華僑社会を中心に広がり、媽祖廟《まそびょう》・天妃宮《てんぴきゅう》・天后宮《てんこうきゅう》などが建てられた。

三月二三日の媽祖誕《まそたん》は、媽祖廟や天后堂で女神媽祖の誕生を祝う、現代の台湾、中国で

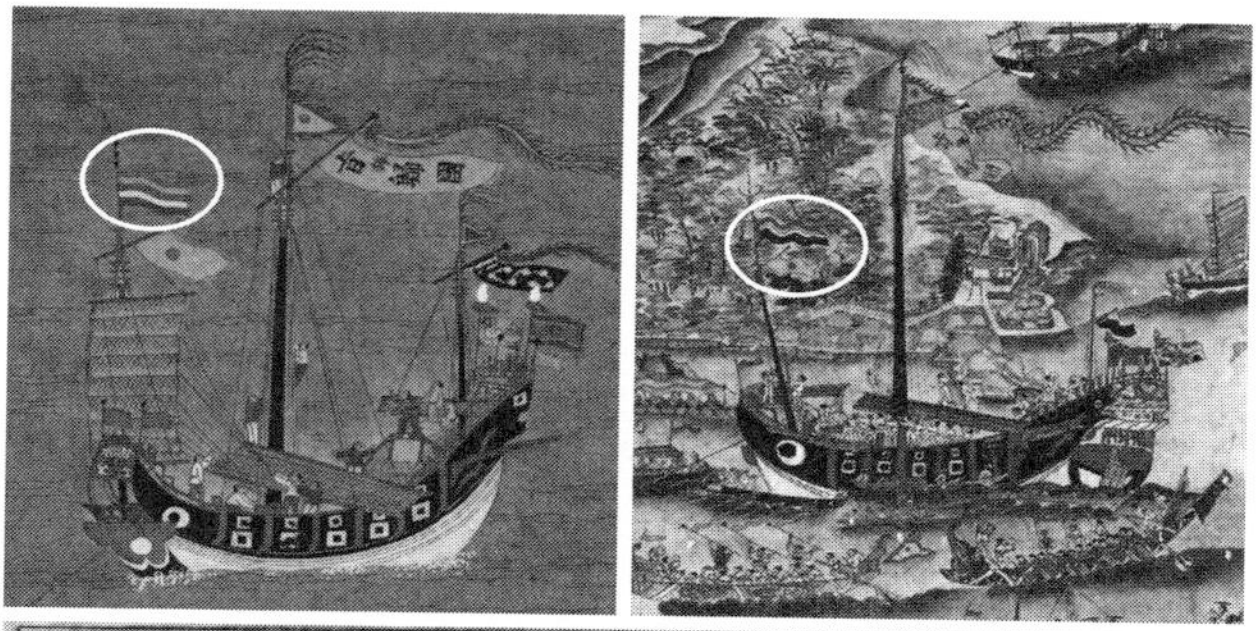

図37　（上左）琉球貿易図屏風（部分）（滋賀大学経済学部附属史料館蔵）、（上右）進貢船の図（部分）（沖縄県立博物館蔵）
図38（下）　高川文筌筆『唐蘭館図巻』1843（天保14）年（神戸市立博物館蔵）
※那覇港の琉球船及び長崎港に入稿する唐船。○囲みはオランダ国旗。

も広く行われている行事である。日本では華僑と関係の深い長崎、神戸、横浜で行われている。近世期は、清と交易をする長崎における、中国理解の実態がうかがわれる貴重な史料である『清俗紀聞《しんぞくきぶん》』により、清国での媽祖祭祀の様子がうかがわれる。廟や堂における媽祖神ばかりでなく、海洋を生業とする各家においては「庁堂」、あるいは他の部屋で、香・蠟燭を捧げ、菓子・果物を供え、媽祖の祭祀を行っていたことが記されている。『清俗紀聞』の記載で注目されるのは「走洋の人《ふなのり》は、都《すべ》て信仰し……」とあり、海上を仕事の場とする人々は、航海安全を約束する神霊として特に強い信仰をもっていたことが知られる。航海の途上、海上でも船内での媽祖の祭祀は欠かせなかった。

一七〇八（宝永五）年、西川求林斎《ぐりんさい》（西川如見）によって著された『華夷通商考《かいつうしょうこう》』は、近世に日本と交流のあった、中国・琉球・台湾・朝鮮・オランダなどについて、船の形態、輸出品、信仰、生活などを中心に交易の観点から記した書である。ほかにペルシャの項まで立てられているが、特に中国については、福州・泉州・厦門《アモイ》・漳州《チヤグチウ》・安海《アンハイ》・建寧など、地域別に詳しく記されている。この『華夷通商考』に、日本に来る唐船の乗組員の組織についても記されており、特に媽祖の祭祀を専門に行う乗員が置かれていたことが注目される。

航海は、海上の地理に通じ、羅針盤や太陽・月・星から船の位置を判断する夥長《ホイチョウ》と、風や波の状況を見極める舵工《タイコン》とが航海を司り、その指示のもとに、帆柱に登り帆を操る亜班《アパン》、工社《コンシャ》と呼ばれる水主（漕ぎ手、船の大きさにより三、四〇人から一〇〇人ほど）によって行われていた。

港に着いてからは、頭椗《タウテン》が碇を下ろして船を停泊させ、船より杉船と呼ばれる梯舟《はしけぶね》により杉板工《サンバンコン》が積荷を運び、船主《ツニツウ》が売買を司り、財附《ツァイフウ》が交易品やその金額を記録した。『長崎名所図絵《ずえ》』には、長崎奉行所の役人の立会のもとに積荷の運び込みを監督している「船主」の姿を見ることができ、長崎港における陸揚げ、商売の一端がうかがわれる。

『華夷通商考』からは、唐船の大きさにより五〇人から一〇〇人超で航海を行っていたことも知られるが、媽祖神への航海安全祈願のため、特に祭祀を行う「香工《ヒヨンコン》」と呼ばれる役が置かれていたことも注目される。「菩薩ニ香華《コウゲ》・燈明《トウミヨウ》ヲ勤メ、朝夕ノ倶拝ヲ主《ツカサド》ル役ナリ」とあるように、媽祖神に対して香・花・燈明を捧げ、朝と晩とに拝礼を行っていたことがわかる。

日本人の見た清朝海商の媽祖祭祀

こうした『華夷通商考』に記される唐人の航海員による航海の様子を実際に目撃し、記した資料として、一七五五（宝暦五）年『唐国福建省江致漂着候《ひょうちゃくいたしそうろう》、奥州南部之《おうしゅうなんぶの》者《もの》六人口書』は貴重である。日本人が、長崎を目指す唐船の実際の海上での航海の様子を記した記録として興味深く、媽祖神などへの祭祀を実見し、伝えた資料として注目される。

本資料は、東シナ海福建沿海の秦嶼《しんしょ》に漂着した奥州南部の人々が、唐船に乗せられて日本に帰還した際に、長崎で受けた事情聴取を書き留めた記録である。日本人が見た当時の中国の地域の生活、習俗の様子を記した資料としても興味深い（松浦二〇〇六）。彼らは、和船を操る航海の専門職でもあり、そうした立場からも、清の人々の航海の様子をつぶさに観察していた。

彼らは同業者として、帆の扱いなど、日本人と操縦のしかたの違いに注目していた。そのなかで、技術と信仰とが強く結びついていたことを示す記述として、「……箱を居へ、其中《その》に方針を納め、燈明を燈し、蒔米《まきごめ》を致し、昼夜共ニ針を無油断相考《ゆだんなくあい》へ申《もうし》候」と記されていることは看過できない。昼夜間断なく羅針盤を見守り、海路を定めていたのであるが、羅針盤を納めた箱中に米粒を供えており、このことから、燈明も単に夜間の照明としてだけでなく、媽祖へ捧げる明かり同様の意味を持っていたのであり、羅針盤を航海を守護する神霊としても扱っていたことがわかる。

こうして長崎を目指して外洋を走ったが、長崎到着を確信するのは五島《ごとう》列島南西の女島《めしま》を見つけたときであった。女島は、船より遠く、雲と見紛《みまご》うように見えてくるという。

『華夷通商考』には帆柱の責任者として「亜班」の役が確認できるが、亜班に限らず、帆柱に上って、あれは間違いなく日本の女島であると告げた者が「花」＝祝儀として三〇匁《もんめ》を与えられた。と同時に、ただちに豚と鶏とを屠殺《とさつ》し、船神すなわち媽祖神に捧げ供え、神前で香を焚いて紙銭を焼き、銅鑼《どら》を鳴らしながら船内をくまなくまわり礼拝し、到着できたことへの感謝を船と媽祖神に捧げたという。

媽祖が航海安全を約束する神として華人から厚い信仰を受けていたことは、媽祖に関する数々の霊験譚や、媽祖廟や天妃宮で年中行事として媽祖誕が現在なお盛んに行われていることからもわかるが、『唐国福建省江致漂着候、奥州南部之者六人口書』の船内における媽祖祭祀の様子は、清国に漂着し福建船により帰還した日本人が船内で目撃した実際を書きとどめた資料として貴重である。

『長崎名勝図絵』には、転覆したオランダ船を港まで牽引する様子や、唐船修理の模様も描かれている。唐船修理の絵画では、唐船の脇で日本の木を削り、柱を作っている様子を見ることができる。また、『唐館図蘭館図絵《とうかんずらんかんずえ》』巻三には、唐人が稲藁《いなわら》で、船のためのものと推測される綱を綯《な》っている様子が描かれている。清の商人たちは船体の修復の技術、船大工の技量をもっており、それぞれの寄港地で、異国の素材も利用して船を修復しつつ渡航してきたのである。また、いずれの絵画においても長崎の町人が見物している。こうした異国人の様子は他の地域では見られない、国際都市長崎ならではの珍しい光景であったろう。

✝長崎唐寺での清国商人管理

唐船は、長崎港に到着すると碇《いかり》を下ろし、沖から梯舟《はしけぶね》に荷を積んで港に運び込み、荷を解いて商品となる積荷の検査を受けた。そして商売に先立って、彼らの出身地や航海の状況、清国の国情について聴取を受けなくてはならなかった。その後、唐人屋敷に赴いて居留した。その際、信仰上重要であったのは、船に安置されていた媽祖像を降ろし、唐寺もしくは唐人屋敷に運んで安置することであった。

『華夷通商考』巻二には、港に入って他の唐船と出逢うと、その先後により礼旗を上げ下ろして互いに譲り合う作法があったこと、長崎を訪れる唐人は、媽祖を観音の化身と信仰し、「天妃《てんぴ》」「聖母《せいぼ》」と崇め「菩薩《ぼさ》」と呼んでいたこと、積荷を港に運び込んだ後にはその媽祖像を船より下ろし、また出帆の際には媽祖像を船に安置するが、媽祖を捧げ運ぶ道すがら、金鼓を叩き鳴らし、ラッパを吹き鳴らしたことなどが記されている。

『華夷通商考』は、こうした慣行は清の風習だと述べている。金鼓、ラッパの音楽を奏し、異国の装束で傘を差し翳《かざ》した媽祖を捧げ持ち、「天后」「聖母」と書かれた提灯を持った役

図39　『唐館図蘭館図絵巻』「媽祖行列」：清国海商は長崎に入港すると、船内の媽祖神を唐寺、もしくは居留地として定められた唐人屋敷（唐館）内の天后宮に運び安置し、祭祀した。箱に載せられた媽祖女神像に傘が差し掲げられ、銅鑼などで囃しながら行列し、長崎の市中を歩く。（長崎歴史文化博物館蔵）

が先導して、長崎の街中を行列した。そうした彼らの様子は『長崎名勝図絵』「唐人奉天妃《とうじんぼさあげ》」や『長崎古今集覧《ここんしゅうらん》名勝図絵《めいしょうずえ》』「菩薩祭」、『唐館図蘭館図絵巻』（図39）などに見ることができるが、奏楽にも衣装にもエキゾチックな珍しさを感じたことであろう。

『閩省《びんしょう》水師各標鎮協栄戦哨《せんしょう》船隻《せんせき》図説』（清代、ベルリン国立図書館蔵）に図解された唐船図には、船体内に媽祖像を納め祀る「媽祖龕《まそがん》」が図示されている。また後方には「媽祖旗」が掲げられている様子を見ることができる。日本に停泊中にはこの媽祖龕から媽祖を下ろし、居留地となる唐人屋敷の天后宮や唐寺に安置し、長崎滞在中に祀られたのである。『長崎名勝図絵』には長崎の市中を行列する様子を、『唐人屋敷景』（国立歴史民俗博物館蔵）には、唐館内を天后宮をめざして行列する様子を見ることができる。

近世期、唐寺の僧侶は清国人で、清国商人の海上での安全を媽祖に祈願することを重要な務めとした。また当時、清国にはカトリックが広まっていたが、キリシタン禁制の政策のもと、唐船に祀られる媽祖像に擬してマリアなどのキリスト教の聖像が持ち込まれたりしないよう、検分することも重要な任務としていた。そのうえで唐寺の僧侶が、隠元禅師の伝えた仏教〝黄檗宗〟の正統な法燈の継承は、清からの僧侶でなければ果たし得ないと訴え、幕府の政策に充分な役割を果たすため、唐僧を清から招来することを強く求めていた（深瀬二〇〇九）。

媽祖神は仏教の仏・菩薩ではなく中国の民俗神であるが、清国僧侶によって運営された唐寺には媽祖堂が建てられ、清国海商の航海安全のための祈願を行った。さらに、唐寺の清国人僧侶たちは、日本の鎖国政策と関わるキリシタン禁令に寄与することを強調して、その存在意義や日本への貢献を主張していたのである。

✝第五章結び

中世前期の元国、蒙古軍による襲撃、中世後期の倭寇——実態は日本人よりも大陸人が多く、大陸・日本・半島の人々からなる多国籍海賊——により、外国との交易は、国家間より民間における交易のウェイトが高まっていった。明朝・清朝は、倭寇や鄭成功の封じ込め対策として自国からの出国、貿易を禁ずる海禁策を沿岸部に敷いていた。一方の日本は大陸の高級シルクや砂糖を欲していたため民間交易の役割はさらに大きくなったが、それとともに上陸し、滞留する外国人の信仰を含めた管理の必要性が増大した。

漢族の統治する明朝から満州族の清朝への転換にともない、日中関係の再構築が行われ、そうした状況下での、清国海商の航海や、長崎での滞留中における媽祖祭祀について考えた。

近世におけるこうした新たな国家間の関係は、清国船や琉球国船がオランダ国旗を掲げていたことに象徴されるように、東南アジア・中国大陸を経て日本まで進出してきたヨーロッパ海商の動向とも深く関係する。

ヨーロッパは、鉄砲・大砲などの新たな兵器や、ワインや陣羽織《じんばおり》に使われた毛織物羅紗《らしゃ》など新奇な文物をもたらした。それにとどまらず、キリスト教を伝えて永遠の命、贖罪などの教えを説き、貧民救済を行った宣教師の活動は、九州、畿内などをはじめ広域に及び、日本人の信仰のみならず、社会にも大きな影響を及ぼした。

次章では、日本に進出してきたヨーロッパとの交易、キリスト教の受容から、鎖国へと転換するヨーロッパとの関係の中での、日本人の信仰について考えたい。

第六章　キリスト教の衝撃

1　南蛮貿易とキリスト教

†大航海時代とキリスト教、翻弄される東アジア

一四九二年、コロンブスがスペインのサンタ・マリア号によりアメリカ大陸に到達した。これに先立ってポルトガルはアフリカに到達し、スペイン、ポルトガルは世界各地への進出と植民地化を進めていた。ヨーロッパの大航海時代の始まりである。

日本には一五四三（天文一二）年、種子島にポルトガル人が漂着し、彼らによって火縄銃が伝えられた。ポルトガル人が乗っていたのは明国の海賊王直《おうちょく》の船であったと考えられている。中国海賊の手引きによってポルトガルは東シナ海から日本への航路を知ったが、

これを契機に戦国大名は、この新しい銃器を積極的に輸入した。さらに、すぐさま日本の鍛冶の技術により国産の火縄銃製造も可能となり、鉄砲の装備を競った。なかでも織田信長は火縄銃を使った新戦術によって、長篠《ながしの》の戦で武田氏の戦国最強と言われた騎馬軍団に大勝利し(一五七五〔天正三〕年)、戦国大名が割拠する中、天下統一への地歩を大きく進めたのであった。

ポルトガル・スペインとの貿易における主たる輸入品は、中国産の硝石・生糸《きいと》(絹糸)・絹織物で、その他、カボチャ・スイカ・トウモロコシ・ジャガイモ・パン・カステラ・タバコ・地球儀・メガネ・軍鶏《しやも》などが日本にもたらされた。日本からの輸出品は、銀・海産物・日本刀・漆器などであった。ヨーロッパ海商や宣教師は単に交易や布教を行うのみならず、本国の命を受けて相手国を植民地にし、支配する野望を抱いていた。フィリピンはスペインにより占拠され、明国のマカオはポルトガルが南シナ海における拠点港として植民地化した。

スペイン・ポルトガル・イギリスは、アフリカ・アメリカ大陸の植民地化も進めていたが、キリスト教の神父「宣教師」「伴天連《バテレン》」たちはその先陣として大きな役割を果たした。宣教師は異国の人々にキリスト教を布教し、信徒だけに与えられる死後の永遠の命を説いた。同時に、その前段階として進出地の国情を探り、本国に報告することを重要な任務としていた。そのことが「神の御心に叶うもの」と信じて疑わなかった彼らは、異国の文化、特に仏教などの他宗教や民間信仰などは邪悪な教えであるとして否定し、キリスト教に改宗させることに情熱を傾けた。

南蛮の新奇なヨーロッパの文物を愛好した織田信長は、ポルトガルのカトリック司祭、イエズス会士のルイス・フロイスら宣教師を厚遇して南蛮寺（教会）を建て、キリスト教の布教を容認した。

織田信長はその後、中国地方に遠征していた羽柴秀吉を助けるための援軍を率いて、西方に赴く。その途中、宿泊していた京都本能寺で、夜中、家臣の明智光秀の軍勢に襲われて自害した（本能寺の変、一五八二（天正一〇）年）。その後、その光秀を討ち、信長の天下統一をさらに進めたのは羽柴秀吉、後の豊臣秀吉である。秀吉も当初、南蛮文化を愛好し、キリスト教容認の政策をとった。しかしながら九州平定の折、キリスト教の広まりとともに神社・仏閣が破壊されているのを目のあたりにし、また日本人が奴隷とされ売られていることを知り、衝撃を受けたのだった。

†ポルトガルと日本の交易、平戸から長崎へ

南蛮貿易について、当事者の一方であるヨーロッパの視点から見てみよう。

ヨーロッパの諸国で日本とはじめに交易を開始したのは、鉄砲を伝えたポルトガルであった。一五世紀後半にアフリカ大陸南端に到達し、ここを東方への航路進出の拠点として「喜望峰《きぼうほう》」と名付け、東洋の香料貿易とキリスト教布教を目的としてインド洋へと進出した。アラビア海から東南アジア海域は、ダウ船によるイスラム商人の勢力が強く、一時はインド洋の覇権を握っていた。その後、一六世紀初頭にポルトガルがマラッカを占領して、マレー半島における香料貿易の中継地として、東南アジアや東アジアにまで貿易網を拡大した。明国ではマカオを拠点として、ついに極東日本にまで到達したのであった。一五四三年、明国海賊の王直の船で種子島に漂着した後、ポルトガル船が初めて日本に到達したのは一五五〇年、平戸であった。一五五三年以後は毎年一、二隻のポルトガル船のほか明国海商も来航し、平戸は生糸・絹織物の交易で賑わうようになった。

一方、その前年（一五四九年）、マラッカで出会った日本人ヤジローの話から日本に興味を覚えて薩摩から来日していたザビエルも平戸に移り、領主松浦隆信《まつうらたかのぶ》の許可のもとに布教を開始した。その結果、一〇〇〇人を超える領民が改宗したが、改宗したキリシタンは寺社や墓地の破壊を行ったため、入信を拒んだ仏教徒との間に確執が生じるようになった。そうした折、一五五九（永禄二）年、西禅寺《さいぜんじ》の住職と日本人修道士ロレンソ了斎《りょうさい》との宗教論争が行われた。西禅寺は在地の仏教勢力の中心で、一方のロレンソ了斎は、ザビエルの話を聞いてキリスト教に入信した盲目の元琵琶法師であった。この論争を契機に仏教徒による暴動未遂事件が起こり、隆信はキリシタン側の神父の責任者を追放した。

その後、一五六一（永禄四）年には、日本商人とポルトガル商人との商売をめぐるトラブルをきっかけに、ポルトガル商人が船に戻り武装して日本商人や武士団を襲撃。それに武士団が応戦した結果、ポルトガル商人は船長以下一四名が死傷して平戸港を脱出し、ポルトガルは新たな交易の地を求めるに至った。

ちなみに、平戸のロレンソはザビエルが日本を離れた後も、イエズス会の宣教師たちの通訳をするなどして彼らの布教を助けた。一五六三（永禄六）年にはイエズス会に入会。一五六九（永禄一二）年には、織田信長からの許可を得て畿内の布教に尽力したが、一五八七（天正一五）年、豊臣秀吉によるバテレン追放令を受けて九州へと戻ったのだった。

†大村純忠――キリシタン大名の誕生と長崎開港

宣教師は交易地でキリスト教布教をしつつ、日本の国情を探り、本国に報告することを任務とした。こうした点で、宣教師派遣は、ヨーロッパにとって奴隷を含む商品を売買し、植民地支配を遂行するために重要であった。むしろ、ローマ教皇の認可を受けた宣教師の方が、ヨーロッパの商人よりしばしば立場上は上位にあり、宣教師の承認がなくては交易地での商売を行うことができない場合さえあった。宣教師自身も布教資金のために商活動を行い、ポルトガルやスペインの海商は宣教師のために金員や衣服・祭具を提供するなど、惜しみない協力をした。

大航海時代に突入したヨーロッパの、非キリスト教世界への布教に大きな役割を果たしたのがイエズス会である。一五三四年、カスティーリャ王国（後のスペイン王国、「カステラ」の名の起源ともなった）のイグナチオ・ロヨラ、フランシスコ・ザビエルをはじめとする七人によりパリのモンマルトルの丘のサン・ドニ聖堂において結成され、一五四〇年にはローマ教皇の認可を得た。このうちザビエルが、ポルトガルの交易地、平戸で布教活動を行った経緯はすでに見た通りだが、平戸を諦めたポルトガルが移っていったのは長崎であった。

長崎港を領した当時の大村氏は、肥前佐賀の龍造寺隆信《りゅうぞうじたかのぶ》をはじめ周囲の圧迫もあり、中世初期より続く大村氏第一二代の純忠《すみただ》とポルトガル商人との出会いは、純忠がこの苦境を脱するうえで渡りに船であった。純忠は一五六二（永禄五）年、横瀬浦《よこせうら》（現在の長崎県西海市）の提供を申し出た。それとともに、イエズス会宣教師がポルトガル商人に対して大きな影響力を持っていることを知り、イエズス会士に対して住居の提供などの便宜をはかった。こうした横瀬浦での交易の利益によって純忠がおかれていた状況は大きく改善した。

図40　『南蛮人来朝図屏風』長崎港に来航した南蛮船（左）と、長崎の町を往来する南蛮人（右）。（国立歴史民俗博物館蔵）

純忠自身も、一五六三（永禄六）年より宣教師からキリスト教を学び、その後、家臣とともに洗礼を受けて入信した。こうして、日本にキリシタン大名第一号が誕生したのである。

一五七〇（元亀元）年には、純忠はポルトガル人のために長崎を提供した。その結果、一寒村に過ぎなかった長崎は、貿易港を中心に大発展した。さらに一五八〇（天正八）年には、長崎港周辺をイエズス会に寄進した。日本の中に教会領が形成されたのである。

純忠は、領民にもキリスト教を奨励した。大村領内では最盛期のキリスト者数は六万人を越え、一時は日本全国の信者の約半数にまでなった。入信した純忠は、キリスト教を奨める一方で仏教を弾圧した。領内の寺社は破壊され、先祖の墓所は打ち壊された。また僧侶や神主はもとより、改宗しない領民の多くが殺害され、土地を追われるなどの事件も相次ぎ、家臣や領民の反発を招くことになった。

2 魅惑の南蛮文化

†激増するキリシタン

ポルトガル商人は季節風に乗って日本を訪れ、入港地で貿易を行い、再び季節風に乗って去っていった。これに対して宣教師は日本各地へと精力的に布教を行った。ザビエルに続いてイエズス会士が次々と派遣され布教地域は拡大し、信者数が激増した。一五七一(元亀二)年には、日本のキリシタン総数三万、会堂四〇、その一〇年後の一五八一(天正九)年には信者一五万、会堂は二〇〇にまでなった。一五万人の地域別内訳は豊後一万人、有馬・大村・平戸・天草・五島・志岐など、九州及び四国に一一万五〇〇〇人、京都を中心とする五畿内諸国と山口、その他の地方に散在する信者は二万五〇〇〇人に及んだ(中山一九七二)。

このように、ザビエルの来日以降、ヨーロッパからの宣教師が日本の人々に受け入れられるのには、数十年の時間を要した。鼻が高く彫《ほり》の深いヨーロッパ人の風貌や南蛮の衣装、その見慣れない出で立ちに、一般民衆の拒絶反応は大きく、「天狗」「狐」などと呼ばれ、嘲笑、侮蔑の扱いを受けた。子どもたちに至っては、見慣れない珍奇な姿をおもしろがり、ついて歩いたという。

このエピソードを聴くと、私の幼少時代が思い出される。私は、就職のために高校卒業後に地方から東京に出てきた両親（父は埼玉県秩父、母は新潟県中頸城《なかくびき》郡〔現上越市〕）のもとで、一九六〇年代に東京品川で生まれ、一九七〇年代まで、現在では多くの外国人も訪れる戸越銀座の周辺で遊んだ。

その頃、商店のセールなどでのチンドン屋は珍しくなかった。彼ら数人がおかしな化粧とかっこうで、商店街をチャルメラやクラリネット、太鼓などを奏しながら歩くのに遭遇するのは楽しい、得をした気持ちになった。彼らの後ろを子どもがついて歩くこともしばしばあり、ちょっとした行列ができたものだった。一緒について歩くだけで、何をするというわけではないものの、楽しい、懐かしい思い出である。また西欧人は東京でも珍しかった。町で遭遇すると「今日、ガイジンいたよ」とか「ガイジンを見た」と、母に話したものだった。

戦国時代の日本において、当初、子どもにまでからかわれ、しばしば拒否反応を受けた南蛮の宣教師たちは、こうした風貌の異なる外国人としての困難な状況下で、布教の許しを得るために、領主にヨーロッパの美麗な装飾の衣装や置物、織物、砂糖菓子やワインなどをプレゼントしてとりいった。戦国大名たちは、たちまちにしてその新奇なヨーロッパの文物の虜《とりこ》となった。彼ら大名は南蛮貿易による莫大な利益だけでなく、先進の兵器である鉄砲・大砲などの武器、弾丸・火薬などを入手するために宣教師の布教や南蛮寺（教会）の建築を許可するなど、支援を惜しまないようになった。こうして、九州では大村純忠に続き、有馬《ありま》晴信《はるのぶ》・大友義鎮《よししげ》（宗麟《そうりん》）ら、キリスト教に入信する大名が増えていった。

日本滞在が長くなるとともに宣教師たちの日本語力も向上し、キリスト教の教えは説得力をもって語られた。信徒になれば、現世の苦しみがあっても、死後、神のみもとで永遠の命を与えられるという教えにより、九州や京都を中心とする畿内をはじめ日本各地に多くの信者を獲得していった。

イエス・キリストは「御主《オンアルジ》＝ぜずｰきりしと」、聖母マリアは「御母《オンハワ》＝さんたｰまりあ」、信徒になることで死後に約束される永遠の命を「不退の命」、罪の償い、贖罪《しよくざい》を「科《とが》を送る」「科《とが》送り」と表現するなど、日本語によってキリスト教の教えを伝えるための努力が重ねられた。『ドチリナ・キリシタン』（ラテン語 Doctrina Christiana）は、近世初期にイエズス会によって作成されたカトリック教会の教理本である。初めて来日した宣教師ザビエルは、日本語訳の教理書を携えていた。当初、宣教師の日本語習得の目的を兼ね、ローマ字で記載された。一六〇〇（慶長五）年には、長崎版の日本語による『どちりな・きりしたん』が刊行され、布教のための大きな力となったのであった。

†陶酔の宗教劇

宣教師は大名をはじめ統治者に対しては、交易の利益や、武器・弾薬入手の便宜をはかるなどしてとりいる一方、貧民には慈善事業を行ってキリスト教の浸透をはかった。病院や救貧院を設け、災害時には貧民を救済した。病院でヨーロッパ外科医術を施す宣教師のもとには、評判を聞きつけて、諸国から治療を受けに来る人々であふれるほどになった。貧困層は慈善施設の中でヨーロッパ文明に触れ、彼らの慈善を受け入れるようになり、諸所に十字架の立つ会堂（教会）が見られるようになった。

宣教師らは、四旬節《しじゅんせつ》・復活祭・降誕祭《こうたんさい》などのカトリックの諸行事を行った。これらは教会内での祈りばかりでなく、屋外で宣教師をはじめ宗教服を着た信徒による聖行列が行われ、信徒以外の群衆も見物した。その一つ「降誕祭」は、イエス・キリストの誕生を祝うクリスマスのことである。一五六九（永禄一二）年、大村の降誕祭では、教えに基づく劇が披露され、キリシタン及びその他の見物人が二〇〇〇人にも及んだ。

宗教服とともに、身に着けられる十字架・ロザリオ・メダイも人々の目を引いた。ロザリオは、聖母マリアへの祈り「アヴェ・マリア」を繰り返し唱える際に用いる数珠《じゅず》。メダイ（ポルトガル語）は、英語のメダル、フランス語のメダーユのことで、面に、キリスト・マリア・聖人・聖堂・キリスト教のシンボルなどが刻まれた円形の金属製の宗教具である。信徒になった人々は、これらを身に着けることを渇望した。

こうした装身具を身に着けた宣教師・信徒を中心とする行列は、例えば次のようである。一五五七年四月（弘治三年三月）からの豊後《ぶんご》府内の聖週間、復活祭後の行列では、二人のキリシタンが白衣を着て、蠟燭《ろうそく》を持って行進した。一五六一（永禄四）年四月、府内の教会の聖週間では、信徒は黒服を着け、顔を覆い、荊《いばら》の冠をつけた。また、磔刑《たっけい》のキリスト像を持つ行進では、復活祭には聖母マリアの物語を描いた「マリア玄義《げんぎ》」の絵を持った少年などが白衣を着て、薔薇やその他の冠をかぶった。一五六二（永禄五）年、豊後国主の大友義鎮（宗麟）が、府内の教会で饗応された際には、白服を着したキリシタンの少年などが、食事の間、ビオラを奏した。

このように、聖週間、復活祭やキリスト教の葬儀における白衣や黒衣、少年奏楽隊の白衣などの祭服着用が広まっていたのである。

キリシタンはその後、秀吉の時代以降、禁教策により迫害されるようになるが、信徒は宗教服を着て弾圧に抵抗した。一六一四（慶長一九）年五月、長崎での迫害への抗議活動として聖体行列を行った男性は三〇〇〇人、女性は二〇〇〇人であった。彼らは捕縛《ほばく》され処刑される際、「聖母マリア」の名を唱えて殉教した。

†ファッションとしての南蛮、キリスト教服

ちなみに、キリスト教とも関係の深い南蛮の装束は、江戸幕府の禁教、鎖国によって消滅したわけではなかった。例えば合羽《かっぱ》、和服の下に着る肌着である襦袢《じゅばん》は、それぞれポルトガル語の capa, gibão に基づき、やがて木綿や絹など日本の素材によって作られるようになり、かたちも日本的に変化していった。

木枯《こがら》し紋次郎《もんじろう》、次郎長一家《じろちょういっか》、国定忠治《くにさだちゅうじ》などの任侠《にんきょう》劇や芝居、映画において股旅道中合羽《またたびどうちゅうがっぱ》の姿で旅をする親分と子分の一行は、日本人にはおなじみであるが、この道中着の合羽は、実はこの時代の西洋が起源なのである。

南蛮より輸入された合羽は西洋の毛織物の羅紗《らしゃ》で作られ、その豪華な見た目から、織田信長や豊臣秀吉などキリシタン以外からも珍重された。江戸時代に入ると、富裕な商人や医者が贅《ぜい》を競って流行の南蛮ファッションを身に纏《まと》い、幕府が着用を禁止したほどだった。それにより桐油《とうゆ》を塗布した紙や木綿で作られるようになり、道中の防寒のマントとして用

いられ、雨具用のレインコートとして雨合羽《あまがっぱ》が作られていくようになる。「合羽」の字があてられるようになったのは、鳥が両翼をあわせた様を思わせるからで、亀のような甲羅を背負った姿で描かれる「河童」とはまったく関係ない。

祇園祭の山鉾の装飾などにとりいれられた瀟洒《しょうしゃ》な織物などは、富裕層でなくては手に入らないものであった。キリスト教自体は江戸時代の間、禁じられていたが、それでも庶民にまで広がり、現在に続く西洋由来の文物もあるのである。

3　キリシタン禁令と鎖国、寺請制度

†禁教政策への道

ヨーロッパの世界進出とともに、アフリカ・アメリカ大陸の植民地支配は進み、被支配地の原住民は彼らの奴隷となることを余儀なくされた。アフリカ・アメリカ大陸の奴隷に比べれば少ないとはいえ、日本人も奴隷にされた。若い女性は性的な目的で売られ、ヨーロッパだけでなく、インド・アフリカへも連れていかれた。日本人は、スペイン人・ポルトガル人の奴隷となったばかりでなく、彼らに雇用されたマレー人やアフリカ人の奴隷と

もなり、彼らの妾《めかけ》となることを強いられた女性も少なくなかった。

彼らの東アジア進出とともに奴隷となったのは日本人ばかりでなく、中国人・朝鮮人も同様であった。ちなみに、イエズス会のヴァリニャーノの発案により、九州のキリシタン大名、大友宗麟・大村純忠・有馬晴信によりローマへ使節として派遣された「天正遣欧《てんしょうけんおう》少年使節」の少年たちは、ヨーロッパの行く先々で、奴隷にされ売り買いされている日本人を目撃している。

豊臣秀吉は九州平定に赴いた際に、日本人が南蛮人の奴隷となっていることを知り激怒した。スペイン・ポルトガルや、イギリスによる世界征服の脅威を痛感した秀吉は、一五八七（天正一五）年にバテレン追放令を、さらに約一〇年後の一五九六（文禄五）年に禁教令を発布し、日本人がキリシタンとなることを禁じた。キリシタン優遇から弾圧へと大転換がなされたのである。

†サン＝フェリペ号事件と「二十六聖人の殉教」

文禄五年の禁教令では、京都で活動していたフランシスコ会の教徒たちが捕えられ、さらに長崎まで引き連れられて処刑された。処刑された二六人のうち二〇人が日本人のキリシタンで、残りの六人はいずれもフィリピンから送られたフランシスコ会の司祭や修道士であった。この事件は「二十六聖人の殉教」と呼ばれてヨーロッパにも伝えられ、日本のキリスト教史の大きな事件として、特にキリスト教信者の記憶に刻まれていくようになる。

この禁教令の背景には「サン＝フェリペ号事件」（一五九六〈文禄五〉年）があった。スペイン船のサン＝フェリペ号がメキシコを目指して航海していたところ、土佐に漂着し、長宗我部元親《ちょうそかべもとちか》の指示により留め置かれた。船員らは取り調べを受けるが、彼らが、宣教師は実はスペインの外地征服のための尖兵《せんぺい》なのだと証言したのであった。サン＝フェリペ号はその後、修繕されて日本を出発し、マニラに到着し、スペイン政府による船員に対する調査が行われた。特にスペイン宣教師がスペインの世界征服の先導者であるとされた背景には、ポルトガルとの結びつきが強く、先に日本での布教を開始していたイエズス会派が、スペインを後ろ楯としたフランシスコ会派の活動の拡大に対する危機感を抱いていたことがあり、彼らの活動についての讒言《ざんげん》が行われたものともみられている。それにより「二十六聖人の殉教」へと至ったのであった。

実際にこの頃には、スペインはアステカ文明、マヤ文明、インカ文明などアメリカ大陸の文明を滅ぼして植民地化している。スペインがメキシコ・フィリピンを征服し、日本にも触手を伸ばそうとしていたことを日本は掌握していたのであった。秀吉は朝鮮出兵を挙行したが（文禄・慶長の役）、その頃スペインは、日本のキリシタン大名を服従させ、これを足掛かりとして日本を征服し、さらに明国をも征服する野望を抱いていたのである。

†オランダの援軍を得て鎮圧された島原の乱

江戸幕府を開いた徳川家康も、秀吉の政策を受け継いだ。一六一二（慶長一七）年には「切支丹《きりしたん》禁教令（慶長の禁教令）」を発布し、①宣教師の追放、②切支丹寺院の破壊、③布教の禁止を命じた。秀吉の伴天連《バテレン》追放令は布教を禁ずるものであったが、家康は彼らに対して信仰そのものを禁止し、ポルトガル人のイエズス会宣教師クリストファン・フェレイラやイタリア人のイエズス会宣教師ジュゼッペ・キアラに棄教を強要した。

一六一六（元和《げんな》二）年には、秀忠が「伴天連宗門《しゅうもん》禁教令（元和禁教令）」を発布し、①キリスト教の厳禁、②外国商船の入港を長崎・平戸に限定、③棄教に応じない信者には厳しい弾圧・迫害を行い、日本人の海外渡航と出入国を禁止した。

しかし、こうした禁教の政策に対する抵抗も少なくなかった。そのもっとも大きな反乱が、一六三七（寛永一四）年から翌三八年にかけて、肥前島原と天草島のキリシタン信徒が起した一揆「島原の乱」である。一揆軍は、年貢の厳しさに耐えかねた農民もキリシタンに改宗させて糾合し、大軍勢となった。この反乱の大将となったのが、まだ十代半ばの少年天草四郎《あまくさしろう》であった。

図41　『島原の乱図屏風』（秋月郷土史館蔵）

幕府軍は捕縛した者に蓑《みの》を着せて火炙《ひあぶ》りにするなどの大きな責苦を与えた。彼らの抗戦ぶりも激しく、鉄砲などで武装して戦った。寺社を焼き払い、僧侶、神主を殺害するなど、体制側にとってはテロともいえる反撃をもって抵抗したのであった。

幕府軍の総勢は一二万超であった。関ヶ原の東西両軍がそれぞれ約八万であったことからすれば、ほとんど日本の兵士総勢で応戦したことがわかる。これに加えて、長崎奉行を通じてオランダ商館の応援を要請し、オランダは海からの艦砲射撃を行った。幕府軍内には外国の援軍を得ることへの批判もあったが、こうしてようやく反乱は鎮圧されたのであった。

†寺請制度、檀那檀家制度――葬式仏教への道

一六三四（寛永一一）年に江戸幕府は、キリシタン禁制の一環として寺請《てらうけ》制度を定めた。すべての日本人は、特定の菩提寺の檀家となることが定められ、日本国民は特定の宗派寺院に属する仏教徒となることとされた。そして島原の乱を契機として、一六四〇（寛永一七）年、潜伏切支丹の取り締まりを目的として「宗門人別帳」を作り、すべての日本人がいずれの宗旨寺院に属するかが一覧できる台帳が作られたのである。

ちなみに、先祖の菩提を弔う寺院の古い例としては、藤原道長が京都の南のはずれ宇治の木幡に建立した浄妙寺《じょうみょうじ》が挙げられる。藤原氏は、始祖鎌足にちなむ氏寺興福寺を奈良の都に建立しており、その門跡《もんぜき》（皇室や貴族が創建した別格寺院の住職）は摂関家から撰任され、藤原氏の繁栄はもとより国家の安穏を祈願した。これに対して道長は、一族の菩提を弔い、一家の先祖を供養する寺院として浄妙寺を建立したのであった。さらに道長の子頼道は、浄土をイメージした平等院を宇治に建立した。

このように、仏教が国家鎮護の祈願だけでなく個人の死後の救済を願い、祖霊の供養をも行うようになるのは平安時代の貴族社会からである。鎌倉時代、日蓮宗や浄土宗・浄土真宗・時宗などの浄土を希求する念仏系の諸宗の庶民への影響も多大であったが、さらに

江戸時代には檀家檀那制度によって、葬式と先祖供養を主たる活動とする寺院と庶民が密接な関係を結ぶに至るのである。こうして、村落、町ごとに集落の安寧や五穀豊穣を祈願する神社と、葬式や先祖供養をする寺院とが存在する、「日本」の村落の姿が作られていった。

†ヨーロッパのアメリカ大陸進出と日本への来航

一六一六（元和二）年の、徳川秀忠《ひでただ》による「伴天連《バテレン》宗門《しゅうもん》禁教令（元和禁教令）」により、外国商船の入港は長崎・平戸に限定される。家光《いえみつ》の時代、一六二四年にはスペイン船の来航禁止、さらに一六三八（寛永一五）年の島原の乱収束の翌年、一六三九年にはポルトガル船の来航を禁止し、ヨーロッパとの交易はオランダのみに限られることとなった。

ヨーロッパにとっては、日本との交易は莫大な利益をあげるチャンスであった。一六七三（寛文一三）年にイギリスは長崎の出島《でじま》に来航し、貿易の再開を求めているが、幕府はこれを拒否している。

これ以前、一六四七（正保四）年七月には、ポルトガル使節船が長崎に入港する事件が起こった。この七年前の一六四〇（寛永一七）年に、ポルトガルは日本との通商再開を求め来航したが、日本は乗組員六一人を斬首し船を焼き払っており、その報復に来たのではないかと身構えたのであった。

ここでスペイン・ポルトガル・オランダの関係ついて見てみよう。一六三〇年にオランダがブラジルを占領した。これに対してスペインは、ブラジル奪回のために大軍を派遣する遠征費として、巨額の戦費負担を併合していたポルトガルに求めた。しかしながら、リスボンでの貿易干渉などもあり、ポルトガルは反撥して一六四〇年にスペインからの独立を宣言したのであった。

そして一六四七（正保四）年にポルトガル使節船が長崎に来航する。これについて、ポルトガル側はスペインからの独立の喜びを世界に伝えるため、といった説明をしたが、ポルトガル船は外国船の長崎入港の際の慣例に従わなかった。唐船（中国船）・オランダ船は、日本において不穏な動きがないよう舵・帆のロープ・武器弾薬を長崎奉行に預けるのが慣例であった。

さらにオランダ船は、キリスト教との関係を疑われないように檣上の十字架を降ろし、甲板の聖像は帆布で包んで隠すことになっていた（『長崎オランダ商館の日記』「ウィルレム・フェルステーヘンの日記」一六四七〔正保四〕年七月、八月など）。

しかしながら、来航したポルトガル船は十字架と聖像を隠すことには応じたものの、舵と帆と弾薬の差し出しは拒否したため、日本は彼らとの戦闘の準備を進めた。長崎港突端の両岬、男神《おがみ》と女神《めがみ》の間に船を並べ、船体上に板を置き、両岬に橋を渡して、ポルトガル船が港内から出ることも、新たな船が入ることも防ぎ、九州の大名を中心に四万八〇〇〇人超の兵士、八〇〇艘を超える船を並べて、ポルトガル船を長崎港内に閉じ込めた。その結果、一カ月後の八月に、そもそも外国船の日本入港は禁制なのだが、今回だけは許すので二度と来航しないよう重々説き聞かせ、長崎から追放したのであった。

鎖国下での国防

この事件には後日譚がある。八月七日に長崎を出港したポルトガル船は、四日後の八月一一日にマカオに到着するが、実は日本に到着する三年前の一六四四年一一月、ジャワ近海において暴風に遭い、その洋上で乗組員の多数が死亡し、病気の少数とともにバタビアに入港した。そして年が明けて、バタビアのオランダ人から航海士一人と船員数人を与えられ、南の季節風に乗って出帆してマカオに着いたのであった。

一六四七（正保四）年のポルトガル船追放後に、このことが幕府の知るところとなり、オランダ使節フレデリック・コイエットが江戸に召喚され、ポルトガル船を助けたことについて詰問を受けた。コイエットは、「マカオに渡るポルトガル船に便宜を計った些細なできごとであり、日本の利害には少しも関係のないことと考えていたゆえ話さなかっただけだ」と釈明をした。

江戸幕府が、ヨーロッパの国家間の関係や動向、遠方からの渡航の状況にも注意を向けていたことがわかる。幕藩体制下の平和な時代にあって、日本人の多くが外国のことには無関心であったと思われがちであるが、鎖国下においても幕府は絶えずヨーロッパの動向に目を向けていたのであり、外交を止めても、国防の必要性からも国外情勢に無関心でいたわけではなかったのである。

長崎には、この間、海上警備として肥後国主・天草領主・島原城主に、毎年交替で長崎港へ御用船二隻ずつを出すことを命じた。また大村藩には港内警備を命じ、陸上には西《にし》泊《どまり》と戸《と》町《まち》に番所を設置して帆船の動向を監視するなど、海上、沿岸警備の体制を整えていた。一六四一年四月四日の『平戸オランダ商館日記』には、次のように記されており、江戸幕府が、ヨーロッパに対する警戒を怠らなかったことがわかる（松竹一九九〇）。

即ちポルトガル人が、そのガレオット船で今後日本を攻撃しようと試みることも起り得るからである。またそうでなくとも、彼らと同様我々（オランダ人）によりこれが行われるかもしれないからである。

スペイン・ポルトガルをはじめとするヨーロッパの世界海洋制覇や新大陸征服のための戦争・略奪や奴隷化などは、ローマ法王による対異教徒戦争の一環として正当化され、その戦果が賞賛されていた。宣教師がその尖兵として送り込まれ、大名から庶民まで多くの日本人が改宗し、禁教令のために処刑された者も少なくない。そして島原の乱という内戦ともいえる戦闘にまで至ったのであった。彼らの死は、キリシタンとしては殉教であるが、異国征服の野望を持つ西欧と日本との戦いにおける犠牲者ともいえる。

鎖国は、国内のキリスト教禁令や寺請制度、異国船の入港禁令など、法令を発布さえすれば実現されたわけではなかった。国際情勢の分析と、野心を持って訪れる異国との交渉、国防力、特に海洋、港湾・沿岸の警備力を備えてはじめて、鎖国体制が維持できたのである。

なおアメリカ大陸は、スペイン・ポルトガル・イギリスをはじめ西欧に征服されていく。それより五〇〇年を経て、ようやく一九九二年に、ローマ・カトリック教会のヨハネ・パウロ二世が、ドミニカ共和国において過去の征服について謝罪した。また二〇一五年にボリビアを訪問したフランシスコ法王は、一五世紀以降のスペインなどによるアメリカ大陸征服について「神の名の下に、先住民に行われた犯罪行為について謙虚に謝罪したい」と語っている。

4　かくれキリシタンの受難と解放

†「崩れ」——潜伏したキリシタンの摘発

キリスト教禁止令によりキリシタンは受難し、存在しないものとされた。しかしながら、実際には長崎・五島列島をはじめ日本各地でキリシタンであることを隠しつつ、信仰を守り通してきた人々も少なくなかった。

潜伏しているキリシタンは、発見されると拷問を受けて処刑された。潜伏しているキリシタンの摘発や処刑は「崩《くず》れ」と呼ばれ、島原の乱（一六三八〔寛永一五〕年）から約二〇年を経て、大村崩れ（一六五七）、豊後・尾張崩れ（一六六〇）、豊後・美濃崩れ（一六六一）などが行われ、一六六八（寛文八）年には九州各藩でかくれキリシタンが捕えられ、一〇〇〇人を超える人々が処刑される事件も起きている。

寺請制度によって、日本人全員がいずれかの宗派、寺院の所属になったはずであったが、キリスト教の、贖罪による死後の永遠の命の獲得などの教えは、人々の心に深く根を下ろし、信仰を捨てられなかった人々も少なくなかったのである。

長崎県をはじめ熊本県の天草など、九州には多くの信徒が潜伏し続けた。長崎では、一七九〇（寛政二）年の「浦上《うらかみ》一番崩れ」から始まり、一八四二（天保一三）年の「浦上二番崩れ」、一八五六（安政三）年の「浦上三番崩れ」と、繰り返し摘発が行われた。

そして幕府が倒されて明治の新政権が誕生する途上、一八六七（慶応三）年に「浦上教徒事件」とも呼ばれるようになる「浦上四番崩れ」が起こった。四番崩れは浦上のキリシタンの拠点根絶を目指した迫害で、一村総流罪となり、その数は三〇〇〇人を超える厳しい弾圧であった。

ここからは、この事件への対処と、日本をとりまく国際情勢が大きく変化していたことを見ておこう。

一八〇〇年を過ぎて、イギリスの軍艦フェートン号が長崎の港に侵入する事件が起こった（一八〇八（文化五）年）。フェートン号はオランダ国旗を掲げ、長崎に居留しているオランダ人をも欺いて長崎港に侵入した。そこでオランダ商館員を人質とし、日本船を焼き払うことも辞さないと恫喝をするなど、日英のみでなくオランダを巻き込む紛争となった。フェートン号はこの時は長崎を退去したものの、幕府は国の存亡にかかわる重大な危機と認識し、一八二五（文政八）年には異国船打払令《いこくせんうちはらいれい》を発布することになった。

しかしながら、大型の大砲などで軍備増強した軍艦による欧米からの圧力に抗することができず、ついに日米和親条約（一八五四）をはじめとして、日英和親条約（一八五四）、日露和親条約（一八五四）、日蘭和親条約（一八五六）、日米修好通商条約（一八五八）、日仏修好通商条約（一八五八）、日普（日本とプロイセン）修好通商条約（一八六一）、パリ約定（一八六四）などを結び、ここに鎖国が解除され開国に至ったのであった。

その結果、ヨーロッパ諸国に、より日本の内情が知られるようになった。こうした状況下で、「浦上四番崩れ」に対してキリスト教国である欧米諸国から大きな抗議を受けることとなったのである。

†「浦上四番崩れ」と禁教政策の解除

プロイセン公使とフランス領事、さらにポルトガル公使、アメリカ公使は長崎奉行に対して人道に外れる行いであると、事件の翌日ただちに抗議を行った。さらに正式な抗議を申し入れたフランス公使と将軍徳川慶喜《よしのぶ》が大坂城で面会し、事件についての話し合いが持たれたが、これよりほどなくして幕府は大政を天皇へ奉還し、明治新政府が樹立され、その対処は、明治政府に引き継がれた。

結果、一八六八（慶応四／明治元）年の御前会議の決定により、浦上の全住民が配流されることとなった。捕縛された信徒たちは、山口・津和野・福山など各地に数十人単位で送られた。配流先では、水責め・雪責め・火責め、親の前での子どもの拷問など、激しい責苦を受けた。こうした明治政府の対処に対し、日本に駐在する外交団や特派員は抗議を行い、欧米のキリスト教国の反感を買うことになったのである。

明治政府としては、日本にはキリスト教徒はいないはずであり、江戸幕府より禁教の政策を継承したことからこうした対処となったわけだが、予想を超えた欧米諸国の抗議に苦慮し、一八七一（明治四）年にはキリシタン禁制の高札《こうさつ》の撤去と浦上のキリシタンの釈放と帰還を行うことにした。その二年後の一八七三（明治六）年、江戸幕府以来の「キリシタン禁教令」が解かれて信仰の自由が認められるようになった。こうして、二五〇年近くにわたった日本のキリスト教禁止政策に終止符が打たれたのである。

浦上四番崩れとも関係することだが、実は、事件に先立って長崎には一八六四（元治元）年、日仏修好通商条約に基づき、居留するフランス人のためにカトリック教会大浦天《おおうらてん》主堂《しゅどう》が建てられた。翌慶応元年、そこに浦上の信者が訪ねていった。その一人の女性が「我らノ宗《ムネ》（＝宗旨）アナタノ宗ト同じ（私たちはあなたと同じキリスト教を信仰しています）」と語った。プティジャン神父は日本にキリスト教徒が存在していることを知り、感激した。実は、プティジャン神父はフランス人のための教会といいながら、表には日本語で「天主堂」の札を掲げていた。日本人にキリシタンが存在しているとすれば参拝に訪れるのではないかと、わずかながらも期待していたからであった。

こうして、キリシタンが潜伏していることが国内外で知られるようになり（「信徒発見」と呼ばれる）、浦上の他に長崎の外海《そとめ》や五島などでも信仰を表明する者が多数現れた。しかし、カトリック教会が建てられたとはいえ、禁教政策に変わりはなく、「浦上四番崩れ」の大弾圧が行われるに至ったのであった。

†かくれキリシタンの信仰と生活

禁教令によって教会も宣教師も司祭も存在しなくなった中で、潜伏したキリシタンはどのような信仰生活を送り、継承していったのだろうか。司祭がいない中で洗礼を受け、正式な信徒となることは可能だったのだろうか。

建前上は、寺請制度によって特定の宗旨、寺院に属して仏教徒となったキリシタンは、当然のことながら、イエスやマリア像を祭壇に安置したり、十字架やメダイを掲げたり、飾ったりすることはできなかった。そうした聖具をどのように秘匿《ひとく》したかは、集団や個人によって、さまざまな工夫や苦心があったが、多く見られるのは、観音像を聖母マリアに見立てたり——そうした観音像は「マリア観音」と呼ばれるようになる——、聖像・聖画やメダイ、ロザリオ、クルス（十字架）などの聖具を納戸に秘蔵して「納戸神《なんどがみ》」として祀ったりする方法であった。

平戸には、マリアの生涯を一五の場面で表した「マリア十五玄義」に由来する木製の「お札《ふだ》」を御神体として、共同で祀る「コンパンヤ」と呼ばれる小集団が存在している。このお札を祀る五軒前後から成る「慈悲仲間《じひなかま》」と呼ばれる組が存在する地域もある。コンパンヤとは、英語の company へと派生する言葉で、com＝共に、pany＝〈神聖なイエス・キリストの身体である聖体の〉パンを分けあって食べる仲間、といった意味をもつ。「会社」の意味にも使われる company の原義の西欧語が、日本で使用されている点でも興味深い。一六世紀中頃、宣教師による布教時代には、集落ごとの教会に属して、信者の統括を行った「慈悲の組〈ミゼリコルディア〉」があったが、「コンパンヤ」などの小組織は、この「慈悲の組」の系譜にあるものと考えられている。

これらは、江戸時代には外部に知られてはならない秘密結社的な組織であったが、その組織をまとめる要となる「爺役《じい》」「親父役《おやじ》」、あるいは洗礼を行うための神聖な水に関わる「水の役」などがあった。

洗礼は通常、生まれた子に対して行われ、「お名づけ」とも呼ばれた。「お名づけ」は、キリスト教伝来当時の宣教師から伝えられ、受け継いできたという祭儀を通じて、生まれた子に洗礼を授け、先祖以来の隠れキリシタンの小結社を守り続けてきたのである。

長崎、平戸をはじめ、かくれキリシタンが多くいた地域では、明治の禁教の解除とともに教会が建てられるようになった。これらの教会は二〇一八年には「長崎の教会群とキリスト教関連遺産」としてユネスコの世界遺産に登録されたが、かくれキリシタンにはこれらの教会に属さない人々が少なくなかった。

彼らの中には、先祖より伝えられてきたキリスト教を地域に根差した組によって継承すべきだと考える信徒が多い。禁教が解かれ、各地に建てられたカトリックの教会堂は、当時先端の建築技術による煉瓦、コンクリート作りの立派な洋風建築であったが、信仰を先祖から伝えられてきたかくれキリシタンの多くは、その新しい教会が先祖からの教えとは異質であり、自分たちの信仰とはなじまないと感じたのだった。

宗教学者、特にキリスト教を専門とする宗教学者には、彼らの信仰を守り続けた生活よりも信仰や宗教的な実践に注目し、日本に「土着化」した、キリスト教とは言い難いキリスト教とみなす研究者も少なくない（宮崎一九九六、宮崎一九九八、宮崎二〇〇二、古野一九七三、狭間二〇〇七など）。しかしながら、地域に根差し、迫害をも乗り越えてきたキリスト教として、教会や司祭を持たない環境のなかで、先祖以来の信仰や祭儀を継承してきた彼らの敬虔《けいけん》な姿勢は、尊とばれるべきであろう。

なお二〇一四年、バチカンのローマ教皇庁は日本のかくれキリシタンについて「古いキリスト教徒であり、キリスト教徒とみなさない理由はない」とし、信教の自由・文化的自由を認め、彼らが信仰を守り続けてきたことを、大きな喜びを持って高く評価している。

†クリスマスを祝う

かくれキリシタンが「発見」されるとともに、彼らが信者として継承してきた生活や信仰、洗礼をはじめとする儀礼、行事などが次第に明らかにされるようになった。

長崎・平戸では、明治期に禁教が解かれて教会が建てられるようになった後も、彼らの多くはカトリックなどの宗派、教会に属さなかった。キリスト教信者のことを英語で「クリスチャン」と呼ぶが、本書では、教会に属さず地域で先祖から継承されてきた信仰を守り伝える人々を、引き続き「キリシタン」と呼ぶことにする。

イエズス会をはじめとする宣教師が信者を獲得し、活発な活動を行っていた戦国時代当時も「降誕祭」として、クリスマスを重要な行事として祝っていたことは先に見た通りである。宗教劇や信徒の聖行列が行われ、大勢の見物人が集まり人々を惹きつけたが、潜伏したキリシタンは、こうした表立った行事ができなかったことは言うまでもない。

ここでは、私の調査した平戸生月《いきつき》島の行事を中心に見てみたい。

クリスマスは、組の重要な年中行事として継承されてきた。行事の期日は冬至の前の日曜日で、当日を「御誕生」、イブ＝前夜を「御産待《おさん》ち」と呼び、組によって、親父役の家や御堂に信徒が集まった。普段は箱に納められているご神体を「御前様《ごぜんさま》」として祭壇に安置し、重ね餅を供える。そうして一同で御前様に対してオラショ（かくれキリシタンが伝えてきた祈りの歌や唱え言、ラテン語 Oratio に基づくが、言葉のほとんどは日本語）を唱え、祈りを捧げ、酒肴や御飯・汁をいただく。

御前様として、聖母マリアを印したプラケット（大型のメダル）を安置する組もある。このマリアはお産の神様として特に女性からの信仰が厚く、かつては大勢の婦人が安産祈願や願いの成就の祈りのために参拝したものだったという。イエスの誕生よりも聖母マリアの出産に重点が置かれて、行事が行われてきたのである。

地域によっては、御産待ちの際に、晩秋から冬にかけて収穫される大根が供えられる。この時期に大根を神様の供物とする習俗は、特に大根を産する地域で全国的に見られるもので、かくれキリシタンの行事にも日本の農耕の習俗の影響が見られるのである。

†マリアを祝う正月

キリシタンにとっても正月は大切な行事であるが、興味深いのはそれが聖母マリアを祝う祝日として行われてきたことである。

正月にマリアを祀るようになるのは、宣教師が布教をした戦国期に遡る。実は、宣教師は正月行事に対して当初は異教徒の邪宗の習俗として否定的であった。宣教師は仏教のような経典や教義を持った宗教の「誤り」を論破した。否定することができれば、人々を納得させることができ、次なる布教の段階に入ることができた。

しかしながら、人々の生活や、農耕・漁撈・狩猟・商工業などの生きることと深く関係する生業と結びついた祈願などの信仰、そうした背景を持つ習俗を否定することは容易ではなかった。一四世紀末から一五世紀はじめに布教に携わったイエズス会の宣教師フェルナン・ゲレイロは、日本の正月の祝いについて報告している（フェルナン・ゲレイロ編一九八八）。

宣教師フェルナン・ゲレイロの報告では、日本の正月を「古来の異教の汚れた祭礼」と否定的に断じた。その一方、多くの日本人にとって正月を祝う習俗は非常に強固で、この「祭礼」を否定し続けては、より広範な信徒獲得は難しいとの認識に変わっていった。そこで、キリスト教はこの習俗にとって替わるべく、正月を「お護《まも》りのサンタ・マリア」「サンタ・マリアの祝日」と定めて信徒に教え、結果として日本で布教する彼ら宣教師にとっても「善」の恵みがもたらされている、と述べている。

宣教師は、仏教は否定できても、生活・生業と結びついた一般民衆の習俗を否定することは困難であることを、かなり早い段階で認識するようになっており、正月をキリスト教の祭日とすることで、正月の習俗を認めると見せかけつつ、布教の拡大をはかっていたのである。

マリアを讃えるオラショ（「キリアメ・マリア」）を唱える組のある平戸生月島でのかくれキリシタンの正月は、この宣教師時代に遡るマリアを讃える正月の系譜にあるとみられる。

とはいえ、十字の形に切った和紙「オマブリ」（柱などに貼り魔除けとする）を「お水」によって清めたり、マリア讃嘆のオラショを唱えたりするほかは、重ね餅を供えたり、雑煮・酒肴をいただいたりする点、また組によっては、家の中を中柱→玄関→神棚→縁側→仏壇→荒神棚→囲炉裏→中柱の順に巡り、それぞれの場所で「お水」を打って唱え言を唱え、災厄を外に祓うために家内を浄める作法が行われる点など、日本的な点も少なくない。

大黒柱とも呼ばれる家を支える中柱は、神棚や仏壇が備えられる以前の、家屋の祭祀のための重要な部所であった。先祖が祀られる仏壇や火の神の宿る囲炉裏《いろり》など、多くの日本人と同様に、平生は家内のさまざまな神、祖先神、精霊とともに暮らしていたのである。

また、「お名づけ」と呼ばれる洗礼を行う水の役が、元旦早朝に聖水を採取する「お水取り」行事を行う組もある。これは元旦の「若水《わかみず》」が特別な力を持つとして信仰され、井戸などから汲み上げる「若水汲み」の習俗が、かくれキリシタンの祭儀として転じたものであろう。キリシタンの組織の「御爺役」や「水の役」が重要な役割を果たすものの、正月行事としての作法内容は、日本の多くの地域と基本的に共通する、日本の民俗を反映した行事に変容を遂げていたのである。

†平戸の漁業とかくれキリシタン

平戸、特に生月《いきつき》のかくれキリシタンにとって、中江ノ島は重要な聖地であった。それは中江ノ島が禁教令後の一六一二(慶長一七)年にキリシタンの処刑の地となったことから「パライソ(天国)への門」として認識され、島自体が「中江様」「お迎え様」と信仰されるようになり、その後、生月に潜伏したキリシタンが洗礼を行うための聖水を汲む「お水取り」を行うようになったからである

平戸生月では現在、定置網漁《ていちあみりょう》によるアジ・カマス・サバ・イカなどの漁業が盛んで、船の新造に際しては祝賀として「船祝い《ふないわい》」が行われる。伝統的な木造船だけでなく、鉄船やプラスチック船、グラスファイバー船の新船が完成して、初めて海に入る際の式典としては進水式《しんすいしき》が行われるのが一般的である。平戸生月において特徴的なのは、キリシタンが着物を着て同乗し、中江ノ島に参拝すること、そこでキリシタンの祭儀が行われることであ

図42（上）　生月島より見える中江ノ島（著者撮影）
図43（下）　生月島「ガスパル様」。1563（永禄６）年、1000人を超す信徒がここに十字架を立て、聖歌を歌い大行進を行った、生月島のキリシタンの聖地。ガスパルの名は、禁教の敷かれた後、この地で殉教した当地の奉行で、キリシタンであった「ガスパル西玄可（にしげんか）」の名に因む。（著者撮影）

る。

　中江ノ島に上がるのは、信者のみとされているため、島へ向かう船内では、信者は信者以外の者が島に上がるのを許してもらうためのオラショを唱える。一同が島に上陸すると、まずは殉教者を祀る祠に参拝する。そして、洗礼などで用いる聖水を取る儀礼「お水取り」を行う。水の浸み出る断崖の裂け目の前に蠟燭・杯・刺身を盛った小皿を三つずつ置き、岩壁に萱《かや》を刺し、空の一升瓶の口に繋げて萱を伝わって瓶に入るお水を受ける。水が充分たまると、莫蓙を敷いて正座してオラショを唱え、さらにお神酒《みき》をいただき、水の入った瓶を持って船に乗り戻っていく。新造船の船主は、お水を充分に受けると祈願が神様に聞き届けられた気持ちになると言い、この水により新造船の魂入れの儀式が行われる。

なお、生月は益冨《ますとみ》家の捕鯨によって江戸時代に大いに栄えるが、益冨家は元は畳屋を営んでいた。その頃、畳を生月島から平戸に運ぶ途中、中江ノ島の付近で中江ノ島の神と思われる異形《いぎょう》の者が現れ、そのお告げにより鰤網《ブリアミ》（網によるブリ漁）を始める。さらにその利益を元手に鯨組《くじらぐみ》を興す。益冨家の鯨組は生月を拠点に対馬や長州の海にまで出漁し、大きな財を成した。ちなみに、益冨の捕鯨は「網取《あみとり》式捕鯨」と呼ばれ、鯨を網に絡めて弱らせながら、泳ぎを遅くし、銛《もり》で突いて捕る漁法を特徴とした（末田二〇一三、古賀二〇一〇、森・宮崎二〇一二など）。

図44　『勇魚取絵詞（いさなとりえことば）』。近世、生月島での捕鯨、船が鯨を取り囲み、格闘する様子が描かれる。（国立国会図書館蔵）

海に囲まれた平戸生月では、かくれキリシタンにも漁業に従事する住人が少なくなく、彼らは休息という名目で中江ノ島に上陸し、祈りを捧げた。海辺に暮らす人々が海から突き出た岩などを立神《たちがみ》として信仰することは全国に見られるが、平戸では、中江ノ島でキリシタンの殉教がなされた歴史と、漁業という生業とに関わる祈りとが複合して、地域に特有な信仰の地となっているのである。

†日本の民俗宗教となったかくれキリシタン

漁を行う平戸において、新造船の完成の祝いにかくれキリシタンが伝えてきた祭祀や、中江ノ島という聖地が重要な役割を果たしてきた様子を見てきた。日本の伝統的な木造船には「船霊《ふなだま》」と呼ばれる神霊が籠められているのが一般的である。平戸ではその魂入れに、洗礼のための水と同じ中江ノ島の聖水を用いたのであり、キリスト教の信仰との習合として興味深い。

平戸舘浦《たちうら》の遠洋まき網船にはお水瓶《すいびょう》を船内に祀っている船もあり、乗組員が腹痛などを起こした時には聖水を飲ませていたという。生月島などの平戸のかくれキリシタンは、聖水＝「お水」を洗礼に用いるだけでなく、御神体として祀ったりもしている。また病気は体内に悪い「風」が入ることで起きると考えられ、これを治す方法を「風離し」といい、病人の身体をオテンペンシャで叩き、お水瓶に入ったお水をイズッポという木の棒（水瓶の口につけられていることが多い）に付けて身体に振りかけることを繰り返す。「オテンペシンシャ」とは、もともとはキリシタンが苦行の鞭として使う道具であったが、神社の神職が祓いのために用いる御幣のような感覚で、病気治癒の祭具としても用いられるようになったのだろう。オテンペンシャで「悪い風」を体内から祓い出し、「お水」で身体を浄めて、病気の原因である「風」が入らないようにすると認識されているものと考えられる。

こうした信仰は、宣教師の布教時代からあった。一五五四年の山口における布教状況を記した報告には、次のように記されている。

我らの主（なるデウス）が洗礼の水を飲む人々に、数々の奇跡を起こし給《たも》うていることが、（彼らの）こうした熱意を高めている。（難産により）子が生まれない多くの女性は、水を飲むとたちまち出産し、熱を発した人もこれを飲むと回復した。あるキリシタンの男は二、三カ月間全身が麻痺し、彼の親戚らが習慣に従っていく度も魔術を行ったところ、それがために彼は口がきけなくなった。彼の友人である某キリシタンが会いに行き、気の毒に思ったので、我が修道院から少量の洗礼の水を彼のところへ持って行った。彼がその水を飲むと、その日のうちに起き上がり、我が修道院に来た。別のキリシタンの男は、久しい以前から身体が麻痺してまったく動くことができなかったが、デウスのことを聞いて悟り、深い信心をもって聖なる洗礼の水を飲んだところ、まさにその日に、独りで他の場所へ行った。これは長い間なし得ぬことであった。

他のキリシタンの男は熱を発したので司祭のもとに来て、その病のための薬を与えるよう請うた。司祭は彼に、父と子と聖霊の名において数回十字を切るように言った。彼がこれを行ない終えると、熱が下がった。(アルカソヴァ一九九七)

興味深いことに、洗礼のための水によって難産の女性が順調に出産したり、かなりの重病人までもが治癒している。また発熱をした男性は、司祭のもとでその指示に従い、敬虔《けいけん》な気持ちで十字を数回切ることにより回復しており、宗教行為によって身体の不調が癒されている。カトリックの司祭の役割は、基本的には信徒に贖罪させて来世の永遠の命へと導くプリーストとしての役割を果たすことにあった。しかしながらしばしば宗教的な行為により病気治癒の祈禱をも行うといった、呪術的な営為をも行っていたのである。こうした行為の効果が認められれば、その評判によりさらなる信徒の拡大に寄与したであろう。

病気を治すと信じられる聖水の信仰は、聖母マリアが出現したといわれるフランスのルルドの泉やドイツのノルデナウの「奇跡の水」をはじめ、ヨーロッパ圏にも見られる。西欧のカトリックに比べてより呪術的なロシアをはじめとする東方の正教会では、洗礼のための聖水に使う水を成聖する儀礼が司祭によって行われる。これは、日本密教における聖なる水「香水《こうずい》」により大きな力を与える加持《かじ》作法と同じ発想で行われるものだろう。加持された香水は、仏教儀礼の行われる堂内において僧侶によって儀礼の執行中に参拝者に振りかけられたり、授与されたりする（東大寺お水取り、薬師寺花会式など）。

民間では、弘法大師《こうぼうだいし》の井戸や湧水など霊験を有する水の信仰は各地に見られ、水の力は宗教と結びつけられて古くから信仰されていた。私が直接調査したなかでは、奄美大島の民間宗教者ユタ（男性ユタもいるが、基本的には女性である）は、クチタブ（口賜《くちた》ぶ＝神より授けられた唱え言、「神口《かみくち》」あるいは単に「口《くち》」ともいう）によって病気治癒の祈禱を行うが、病者は生まれた地に帰り、母親から受け継いだ自身の身体の血の元となっている生まれ故郷の水を飲むことが、回復のために重要だと語る。

かくれキリシタンの聖水信仰は、日本人の聖水信仰を基底として、宣教師の布教時代にキリスト教の聖水信仰と結びつき、宣教師が去った後にはかくれキリシタンが正月の家の中を浄める「お水」のように、再び日本的な心性に近づいて習俗としての性格を強めて受け継がれてきたものであろう。

かくれキリシタンは、世代間の継承とともに、日本の民俗宗教としての性格を強めていったのであり、明治の禁教解除後、西欧より再伝来したカトリックへの入信をためらう信徒が多いのも、それが大きな理由の一つであると考えられるのである。

日本のキリスト教は、ヨーロッパの東南アジア・東アジア進出にともなうカトリック布教の受容から始まった。入信した者だけに約束される死後の永遠の命、貧民救済などの実践もあり、着実に信徒を獲得していった。また、ヨーロッパ商人のもたらす鉄炮・大砲などの最新兵器のみならず、ワインや羅紗などの文物は戦国大名をも魅了したが、彼ら宣教師の活動が、実はヨーロッパによる世界征服の野望と結びついていることに豊臣・徳川政権は気づき、鎖国政策へと転換していった。

そうしたキリスト教への対策としてつくられた寺請《てらうけ》制度により、日本国民がすべて特定の仏教宗派・寺院に帰属することとなり、寺院と地域との結びつきが強まった。空を赤く染める夕焼けのなかに鳴り響く山のお寺の梵鐘《ぼんしょう》や塔婆の立ち並ぶ墓地、春秋の彼岸や盂蘭《うら》盆《ぼん》の墓参、迎え火・送り火、川や海から先祖を彼岸へと送る燈籠流しなどは、「日本」の懐かしさを帯びた村里、昔ながらの町の光景である。

それらは日本人の心性によっておのずと形成された「日本の原風景」のようにしばしば語られるが、ヨーロッパの大航海時代、世界進出の足掛かりの使命を帯びてやってきたキリスト教に対する、国家存亡の危機克服のための宗教政策を背景として形成された、歴史的、文化的な景観なのである。

お盆に墓地のあるなしにかかわらず里帰りするといった毎年の「民族大移動」は、血縁によって結ばれた家族や親族を自覚する大きな契機となっている。こうした仏教のあり方は、古代に中国から仏教が伝来して以来の「自然な」展開、帰結なのでは決してない。

中世前期に浄土宗・浄土真宗・日蓮宗などが古代仏教から派生的に誕生し、庶民へと信仰は拡大していった。さらに中世後期、ヨーロッパの大航海時代というグローバルな世界情勢のなかでの宗教政策によって、葬儀・先祖供養を行う地域の宗教施設のあり方が日本の地域共同体における寺院のスタンダードとなっていった。六世紀の仏教伝来以来一〇〇〇年を超えて、蒙古襲来や華夷変態《かいへんたい》、そしてヨーロッパの進出といった、国際情勢と深く関わって形成された、日本の、自然と深く関わった集落の景観なのである。

寺社は、共同体による祈願において重要な役割を果たし、そこでは仏・神に捧げる音楽、歌謡、舞踊が儀礼において少なからぬウェイトを占めている。日本各地に中世・近世、なかには古代を起源とするそれらの芸能が伝承されており、地域の「伝統文化」「文化遺産」として認識され、地域の誇りともなっている。

当然のことだが、それらの芸能が誕生した時代には、それらは各時代の「現代文化」であった。それがどのようにして継承され、地域や日本の「伝統」や価値ある文化として認識されるようになったのであろうか。

終章では、前近代から近代への転換を考えつつ、前近代から継承されてきた文化が「伝統」として認識され、価値づけされた過程を辿ってみたい。

Ⅳ　伝統となった「民俗文化」【近代】

終章　民俗宗教――「文化財」への道

本書で見てきた通り、日本の宗教を考えるうえで仏教の占めるウェイトは大きい。三蔵《さんぞう》法師《ほうし》をはじめとする大陸の僧侶がインドに渡り、持ち帰った仏典が漢訳された。その漢訳の経典、すなわち当時の中国の考え方や思想、文化の影響のきわめて強い仏教が朝鮮半島や日本にも伝来し、東アジアの思想・信仰の形成に大きな影響を与えたのだった。

漢訳されて伝えられた仏教は、平安時代には日本神話の神祇や民俗神と親和的な関係を結んだ。寺院内や寺院に隣接して神社が建てられ、神祇は仏教を守る護法神となり、寺院の僧侶が神社や日本の神祇の祭祀を行うことも全国に広まっていった。

鎮護国家を目的として招来された仏教であったが、死後に往く浄土や地獄の思想は、貴族から始まり庶民に拡大した。先祖を供養する盆行事や春秋の彼岸、火葬による仏教式の葬儀も徐々に広まった。

鎌倉時代には諸行無常《しょぎょうむじょう》の教えを基底とし、平家の盛衰の物語を琵琶の伴奏に合わせて語る琵琶法師による平曲《へいきょく》が誕生した。その芸能は、江戸時代には三味線を伴奏とする語りへと展開し、市井《しせい》の人々の生活における色恋や喜怒哀楽の物語を演じる人形浄瑠璃が成立する。三味線を伴奏とする新しい語りである口説《くど》きや歌は、男性の盲僧ばかりでなく、女性の瞽女《ごぜ》へと継承され、彼ら彼女たちは旅をして村々で語り、歌った。

日本に初めてキリスト教がもたらされたのは戦国時代であった。ヨーロッパの宣教師らの説いた、死後に約束される永遠の命の教えや、聖母マリアの信仰は瞬く間に九州、畿内を中心に全国に広まった。しかしながら、彼らの布教がスペインなどの東アジア侵略、征服の野望と結びついていることに為政者は気づき、禁教の政策へと転換していった。幕政下で、宣教師も日本人信徒も弾圧されて厳しい拷問・処刑を受け、あるいは国外へ追放された。そうした状況下でも一定数は信仰を秘匿しつつ守り、その教えは子孫へと継承された。

江戸幕府は禁教政策の一環として、日本人全員が特定宗派・寺院に檀家として所属する寺請《てらうけ》制度を敷いた。こうして多くの日本人が自分自身を仏教徒と認識する仏教国日本が作られたのであった。仏教は外来信仰であるが、寺院への帰属が制度的に定められたのは、外来のキリスト教への反作用であるともいえる。いずれにしても、民衆の信仰は日本が置かれたそのときどきの国際状況を背景として、生活や社会と関わって変容しつつ、現代へと続いているのである。

1 明治新政府の宗教政策と芸能

†明治新政府の宗教政策

日本は、江戸時代の鎖国政策下においてもオランダや清朝と交易を行いつつ、世界情勢の把握に努めた。しかし幕末には欧米列強の艦船が浦賀など江戸近くまで迫り、日本との通商を求め、幕府との直接交渉を迫るようになる。

同じ頃、列島の北方では、南下してきたロシアによって国境をめぐる不穏な状況となった。一八〇〇年頃から千島諸島を越えて北海道にロシア艦船が現れるようになり、津軽藩をはじめとする東北諸藩が一〇〇人から数千人の規模で国防のために北海道に派兵された。斜里《しゃり》に派兵された津軽藩士はマイナス二〇度超の冬の寒さに苦しんだ。津軽という寒冷の地の出身とはいえ、厳寒のレベルは彼らの経験を超え、米や干し魚などの食料は供給されたものの、極寒と病により戦わずして多くの藩士が次々と死んでいった。津軽藩士の記録『松前詰合日記《まつまえつめあい》』〔一八〇七〔文化四〕年〕によれば、派兵された津軽藩士百余名のうち約七〇名が斜里で息絶えた。また、ロシア・日本双方とラッコの毛皮や鮭を交易していたアイヌも戦闘に巻き込まれた。

アメリカをはじめとする外圧を受けるなか、国内では幕府派と反幕府派との内戦状態となり、一八六七（慶応三）年、将軍徳川慶喜は政《まつりごと》を天皇に返上し、薩摩藩・長州藩を中心とする明治新政府が樹立される。こうして、天皇を頂点とする王政復古の体制のもとに、新たな宗教政策が打ち出された。その代表的なものが神仏分離の政策である。一八六八（慶応四）年の神仏分離令により、混然として存在した神と仏、神社と寺院とを截然《せつぜん》と区分することが、宗教政策として打ち出されたのであった。

一八七〇年代初頭以降には、神仏分離の一環として廃仏毀釈、すなわち仏教に対する弾圧が行われ、全国の諸寺が存続の危機に陥り、修験寺院などは少なからず神社へと転換した。

東大寺・興福寺・法隆寺など、古代から続く奈良の諸大寺も例外ではなかった。僧侶のなかには寺院の将来性に見切りをつけて還俗《げんぞく》したり、神官となる者が続出し、大寺院も存続の危機に瀕した。多くの外国人を含む観光客が参拝する観光都市でもある現在の奈良の様子からは考えられないような苦境に、一千数百年を超える歴史を有する奈良の寺院も陥《おちい》ったのであった。

†芸能の取り締まり

一八七二(明治五)年、こうした状況下で宗教や信仰は、政府による取り締まりを目的に教部省の管轄下に組み入れられた。「雅楽を始《はじめ》、都《すべ》て管弦舞曲を以て渡世《とせい》致し候者《そうろうもの》」(「明治五年公文録」教部省之部)、すなわち、あらゆる職業的芸能者が管轄の対象とされた。教部省は、神仏の教義や神官・僧侶の監督を司った官庁であるが、芸能は「淫泆放蕩《いんいつほうとう》」「奢靡醜猥《しゃびしゅうわい》の風習」であるとして取り締まった。その一方で「演劇の類《たぐい》、もっぱら勧善懲悪を主とすべし」「風化の一助に相成候様、心掛く可き事」というように、新たな国家の理念を教化する一手段としても活用しようとした。

このような政策のなかで、教部省の管理下で神官や僧侶によって芝居の台本の検閲が行われた。また、芸能者は河原者から一転、教導職に任命される者さえあったが、基本的には地域の舞踊・祭礼などは厳しい取り締まりの対象となった。

特に取り締まりの対象とされたのは盆踊りであった。早い例としては一八七〇(明治三)年、和歌山の田辺藩による盆踊禁止令がある。続く一八七三(明治六)年、福島県の念仏踊りの禁止、青森県のねぶた祭の禁止、新潟県の盆踊りの禁止といった具合に、一八七二(明治五)年を期として風俗取り締まりの名のもとに諸地域に伝えられる芸能に対する禁令が急速に全国に波及した。

近代における国家の、地域文化に対する政策として注意したいのは、芸能への「外国の目」に対する意識である。一八七〇（明治三）年、東京府は歌舞伎の江戸三座の座元と作者に対して「貴人及び外国人も追々《おいおい》見物に相《あい》成り候に付《つき》ては、淫ぽんの媒《なかだち》となり……」（『東京日日新聞』二月二二日）とあることなどが顕著な例である。現代では日本を代表する伝統芸能でさえも、当時は国家の恥辱として外国の目から覆おうとしていたのである。

このような姿勢は地域の芸能に対してはさらに顕著であった。例えば、一八七一（明治四）年、柏崎県庁（現在の新潟県の一部）は祭礼での芸能興行を「不開化之《ふかいかの》民風」とし「万国之恥辱」をこうむりかねないものとして、風俗取締の見解を出している。また一八七九（明治一二）年九月の『栃木新聞』には、

盆踊は折々猥《みだ》らな事があるので、新潟では疾《とく》に廃されたりと聞きしが（中略）、折節《おりふし》外国人が通りかゝて立止《たちど》まって笑ひながら見てゐたとか。定《さだめ》て妙痴奇倫《みょうちきりん》の風体《ふうてい》で踊たか堂《どう》だか。

と書きたてており、地域の伝承文化を日本の恥辱として外国の目から隠蔽しようとして

いた姿勢がうかがわれる。

このように明治政府は当初、地域の伝承文化を抑圧・規制する方向で臨み、知識人は基本的にこれに追随していたのである。

2 地域文化が「日本文化」となるまで——第二次世界大戦以前

†政策の転換——『国体の本義』の発布

明治政府は、国家政策としての神道の優遇と寺院・仏教の抑圧、また芸能に関しては、神社祭祀と密接に関わることが多いものの基本的には風俗上の理由により取り締まりの対象とした。しかしながら、昭和期（一九二六〜）にこうした姿勢が大きな転換を見る。

その大きなエポックとなったのが、一九三七（昭和一二）年、文部省による『国体の本義』の発布である。これは以後のファシズム体制下の教育の基本政策となった。そのなかでは、教導の手段として地域の芸能や伝承行事をも積極的に活用しようとした。

……風俗・習慣に於ても、我が国民性の特色たる敬神・尊皇・没我・和などの精神を見ることが出来る。（中略）鎮守の杜や寺の境内で行はれる盆踊について見ても、農村娯楽の間にこの両系統の信仰の融合統一が見られる。農事に関しては、豊年を祝ふ心、和合共栄の精神、祖先崇拝の現れなどをうかがふことが出来、同時に我が舞踊に多い輪をどりの形式にも、中心に向つて統一せられる没我的な特色が出てゐて、西洋の民族舞踊に多い男女対偶の形式に相《あひ》対してゐる。

『国体の本義』は、このように共同作業が不可欠な農耕や、地域の習俗に「国体」とされる道徳的な意義を付与したのであった。その具体的な事例として、正月行事や春秋の彼岸・盂蘭盆《うらぼん》といった歳時行事から盆踊りまでを挙げている。特に先祖供養の行事と関わりの深い盆踊りについては、その特質を指摘するためにヨーロッパの舞踊との比較を行い、「輪踊り」＝円陣のかたちで踊られることに注目し、「中心に向かって統一せられる没我的な特色」を見出している。無形の文化について、その形式に道徳的、倫理的な解釈を施し、「日本民族」の文化としての意義づけを付与しているのである。

このように『国体の本義』の政策は、明治維新の際には排斥、あるいは無視していた民俗的な風俗・習慣を戦時体制へと向かっていくなかで積極的に導入した。そのための精神的な基盤を作り、集団の秩序作りに資するような文化に編成し直そうとしていたのである。

†氏子組織の制度化

神社の祭祀の及ぶ圏内に住む人々のことを一般に「氏子《うじこ》」と呼ぶ。古代においては、氏《うじ》人《びと》が共同で祖神としての氏神を祭祀した。一方、一宮・大宮など国（現在の都府県）を単位として神社が設置され、国司が祭祀しつつ国を統治する体制が平安時代までに整備された。さらに国を構成する郷・村といったレベルでも土地の神祇を祀る鎮守社が設けられ、神社の統治圏内の人々が供物を供出し、神社祭祀に奉仕することが義務づけられるようになっていった。

こうして、氏神の地縁的性格が強まって共同体の鎮守神となり、自分が生まれた地の神祇を「産土神《うぶすな》」として大切にする信仰も広まっていったものと考えられる。また、地域の鎮守神を地域の構成員が祭祀するようになり、神社を紐帯として地縁で結ばれた人々を指す、自然発生的な「氏子」の考え方が庶民レベルに拡大していったと考えられる。

こうした前近代のあり方を踏まえて、近代における国家神道の主導する氏子制度が誕生した。一八七一（明治四）年には、戸籍法と「氏子調規則《うじこしらべ》」「郷社定則《ごうしゃていそく》」が発布され、全国民が氏子として戸長と神社に届け出ることが義務づけられた。神社、神道の優遇策は、この氏子の制度化により国民統治のうえで大きな役割を果たしたのである。

戦後は、国家神道の政策が打ち切られたが、多くの神社は氏子による経済面を含む奉仕によって運営され、例祭をはじめとする諸行事は現代の神社祭祀の一般的なあり方として継続している。

†若者組から青年会へ、公共活動と遊興

特に第二次大戦前まで、氏子の中でも、祭礼において神輿の担ぎ手など、運営に大きな役割を果たしたのは「若い衆」と呼ばれた「若者組《わかものぐみ》」であり、村落を単位として一定年齢以上（成人を迎える一五歳とする例が多い）の男子が全員加入することが義務づけられていた。江戸時代に主に村落で盛んになったこの「若者組」は祭礼では神輿を担いだり、芝居を演じたりするなど、明治期以降の近代においても村落での文化の担い手として活躍した。

若者組は、日常的には道路普請《ぶしん》や防災、水害・火災などの災害における救助活動、燃料とする薪《たきぎ》などの生活資源を獲得する山など共有の「入会地《いりあいち》」の管理を行い、村落自治の上で彼らが果たした役割は大きかった。自然発生的な自治組織であったが、近代においては、戦時体制へと向かうなかで「青年団」として再編成されていった。

私が聞き取り及び歴史資料による調査を実際に行ったのは、祭礼において若者が芝居に

熱中した伊豆半島や、農村歌舞伎が盛んであった香川県小豆島《しょうどしま》だが、いずれにおいても、日常は「宿《やど》」を拠点に共同生活を送っていた。宿はまた芝居などの芸能の練習場所としても重要な役割を果たした。

近代国家の形成のなかで青年会が注目されるのは、学校での義務教育が普及する過程において、彼らの「夜学」が近代の教育の場として重要な役割を果たしたことである。夜学は主に農村部において、明治期から青年によって自発的に行われた。夜間に学習を行ったのは言うまでもなく、一日・一年の中で日中における農作業のウェイトが大きかったからである。

学習の必要性を自覚して自発的に各地で始められたのが夜学会であった。しかし、日清戦争（一八九四〜九五年）・日露戦争（一九〇四〜〇五年）を契機として、行政による組織化や統制が強まり、夜学会は軍事教育や愛国教育に重きが置かれるようになっていった。それでも、現実には「夜学」の名目のもとに青年たちの博打《ばくち》などの「弊習《へいしゅう》」が続行する例も少なくなかったようである。

次の記事は、地方の新聞に書かれた静岡県の一村落における青年会の様子で、「夜学会」の名のもとでの風儀の乱れが恒常化していたことがわかる。

数年前より花骨牌《はなかるた》、一八《チーハー》賭博などさかんに流行し来りて、役場員・村会議員など仰らるゝ方々まで競って之に手を出し、己が手腕を誇ると云ふ有様《ありさま》なるより、婦人連や小学生徒の仲にも此《この》悪習に耽酔《たんすい》せるものが少なからず、駐在所巡査も之を見て見ぬ顔に過ごす由《よし》、之には何かの情実もある訳ならんが、茲《ここ》に苦々《にがにが》しき事は、此《この》悪弊害毒を除ひて青年の風儀を廓清《かくせい》せんとの希望により青年会を起せしに、村内の悪青年輩は却って之を僥《ぎょう》倖《こう》として毎夜毎夜、夜学会に推《お》し寄せ行き、中には婦女子を誘ひ出して伴ひ行き、読書研鑽などは露《つゆ》ほどもせず喧々擾々《けんけんじょうじょう》として遊び戯れ、男女混合膝を交へての大騒ぎに、夜の更《ふ》くるも忘るゝとの事にて、兎角《とかく》表面丈《だけ》は真面目《まじめ》を装へども、其《その》裏面に至っては真に驚くべき振舞多く、風俗紊乱《びんらん》その極りに達せる由。（『静岡民友新聞』一九〇八（明治四一）年八月一六日「下川根村の蛮風」）

『国体の本義』の発布はこの後、約三〇年を経てからだが、まだこの時代には、国家の政策を逆手に青年のみならず小学生から婦人たち、村の役人や議員までもがともに遊びに興じるといったある意味では自由な、またにぎやかな農村の生活が見られたのである。

私が、伊豆半島の村落の調査をしたのは三〇年ほど前の一九九〇年代だった。その頃は、七十代以上の高齢者から、青年会時代の「ヨバイ（夜這い）」の話を聞くこともできた。

宿を拠点として、夜中、四、五人のグループで隣の村の娘の家に忍び込んだという。また、博打などは固く禁じられていたというが、それだけ盛んであったということであろう。

青年会では「規約」が定められ、一五歳前後での加入式に際しては規約を守ることを誓約した。禁制を破った際には、本人のみならず家族までもが他の村人との交際を禁じる「村八分《むらはちぶ》」にされるなどの制裁を受けた。制裁の具体的な内容として私が聞いたのは、消防のために使うポンプによって家に放水し、家の中まで水浸しにしたことなどだが、現代ではこうした行為は、行き過ぎた暴力行為として糾弾されるであろう。

青年会は、昭和の戦時の大政翼賛《たいせいよくさん》体制への突入とともに全面的な協力が求められ、自由度は狭められていった。

戦後は高度経済成長による生活改変の中で、青年会の組織は維持が次第に難しくなり、防災活動に特化した「消防団」として活動を継続する例が少なくない。

戦後の神社祭礼の運営について見ると、村落からの若者の都市部への流出とともに、主に地域を単位に小学生を構成員とする「子供会」を母親など父兄が援けて運営する地域も少なくない。しかしながら、少子化により祭礼の運営自体が困難となる町村も増加している。

戦後、長期間の受験勉強、二一世紀以降のインターネットの普及を背景とするスマートフォンや、テレビゲームなど個人の活動の拡大のなかで、地域レベルで場所や時間を共有する社会、文化の営みは確実に減少している。

3　近代の都市祭礼と熱狂、乱闘——ねぶたの場合

†明治時代のねぶた

農耕を主な生業とする村落における神社祭祀や祭礼の変化について、明治期以降の宗教政策や、若者組の活動に注目したが、商工を中心とする都市の祭礼について、東北のねぶたを取り上げて考えたい。ねぶた・ねぷたを伝承する青森と弘前は、近代には行政、経済の中心として役所や警察署・銀行・郵便局・税務署が建ち、呉服商や製糸・織物、漆器、刃物商など、江戸時代以来、一大都市として栄えた（横尾一九八七他）。

現在、期間中にはいずれも一〇〇万人を超える観光客を集める青森ねぶた、弘前ねぷたの盛んな様子からは考え難いが、明治時代には、各地の盆踊りと同様に禁制の対象とされた。明治新政府から任命された青森県令（現在の知事）菱田《ひしだ》重喜《しげよし》は、一八七三（明治六）年、旧習を悪習と見做し、ねぶたや盆踊りなどに対して禁止令を出した。それが解禁され

たのは一八八二（明治一五）年のことである。ねぶたは九年もの間、姿を消していたのであった。

大正の末期から昭和のはじめ（一九二五～三五年頃）の特徴としては、仮装して燈籠を引き回し、鈴をつけて笠を目深にかぶって跳ね踊る「跳人《はねと》」装束だけでなく、仮装して踊る「化け人《ばけと》」が大流行したことである。

張り子の人形も大きな変化を遂げていった。昭和の中頃（一九六〇年頃）にはバッテリーが普及し始め、一九七〇年代に入ると発電機も使用されるようになって、照明は蠟燭から電気へと移行した。さらに電動の回転装置や昇降装置も使われるようになるが、この間にも観光化が進み、県内外さらに国外からも押し寄せる多くの人々の耳目を驚かせ、楽しませる行事となっていった。

現在の弘前ねぶたは、七十数台のねぷたを町内会や職場単位で引き回す。弘前市街地の集合地点に集まると、それぞれ運行責任者を先頭に、「前灯籠・町印《ちようじるし》→前ねぷた→曳《ひ》き手→ねぷた→笛・太鼓の囃子方」の順に並び、「ヤーヤド、ヤー」と掛け声をかけながら練り歩く。一日から六日までは夜に運行し、七日はナヌカビといって昼に運行する。

†乱闘の祭り

このねぷたの運行には、江戸時代から昭和前期までは喧嘩がつきもので、現代以上に熱気・鬼気を帯びた行事だった。ねぷたの記録上の初見は、一七二二（享保七）年、弘前藩の『御国日記』である。これより一五年を少し過ぎた一七三九（元文四）年七月六日の日記には、

子供ねふた流《ながし》候《そうろう》節《せつ》、礫《つぶて》を打、木太刀ニ而打立《てうちたて》……、

とあり、子どもによるねぷたの引き回しでさえも石を投げあったり、木刀で殴り合ったりといった喧嘩が行われた様子が記されている。こうした喧嘩をとどめるのが町奉行の重要な任務にもなっていた。この半世紀ほど後に描かれた『奥民図彙《おうみんずい》』「ネムタ祭之図」（一七八八〜八九年）に見られる燈籠には、側面に「石投《いしなげ》無用、禁喧」などと書かれ、乱闘の危機の中での燈籠の引き回しが常態化していた様子がうかがわれる（図45）。

ここでは、大小の箱形、宝珠《ほうじゅ》形、甕《かめ》形などの燈籠が見える。大きさは一人で持つものもあり、また多人数で担ぐものもあるが、二、三間（約三・六〜五・五メートル）から四、五間（約七〜九メートル）と、かなりの大きさであった。上に扇や三日月形の飾り、草花などが飾られた燈籠の表には「七夕祭」「織姫祭」「二星祭」などの文字が書かれており、盆

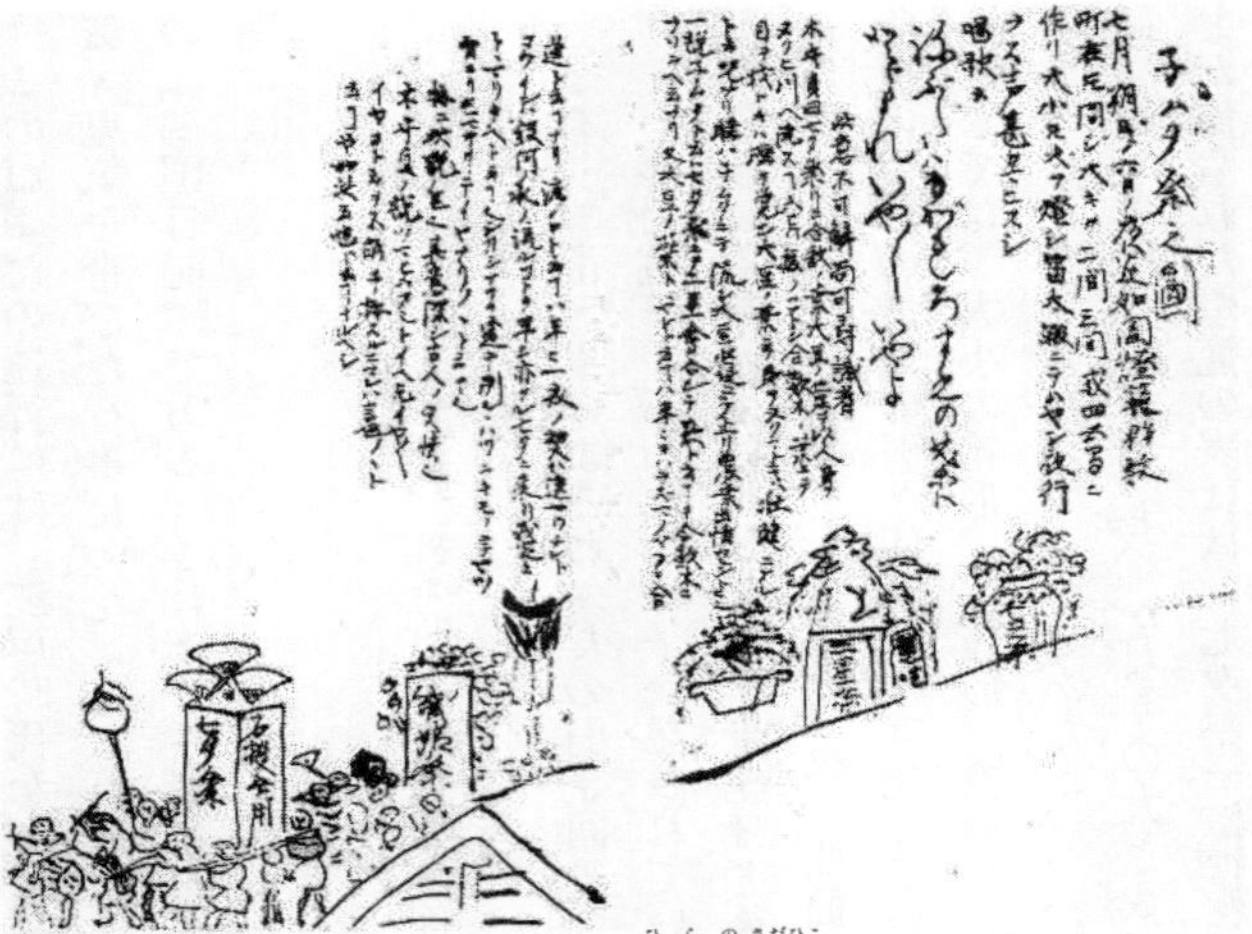

図45 『奥民図彙』「ネムタ祭之図」（比良野貞彦《ひらのさだひこ》記、1788〔天明8〕年—1789〔寛政元〕年の津軽の見聞記録）（国立公文書館内閣文庫蔵）

行事としてばかりでなく、七夕祭りの飾り物としての性格をあわせもつものであったこともわかる。

幕末に記された『御用年中定式《じょうしき》』（宗芳記、一八五七〔安政四〕年以降、黒石の町役人の役目についての覚書）からは、黒石藩（弘前の東北約一五キロの陸奥〔現、青森県黒石市〕に置かれた弘前藩の支藩）の七夕燈籠では悪口・雑言などの喧嘩が子どもにまで及んでいたことがうかがえる。

この『定式』は、こうした暴力行為の禁止はもとより、運行の方法や燈籠の大きさ（三尺を超える燈籠の禁止）まで定めており、これを守らない場合は役人が捕縛することとされていた。こうした規制は明治初期（一八七〇年頃）も続いた。

†ねぶたの近代

明治時代においても、ねぶたが喧嘩・乱闘のなかで行われる熱気は変わることなく、喧嘩を仕事とする「喧嘩師」まで登場するようになっていた。木刀や竹ヤリによる突き合いが行われ、石の礫《つぶて》が雨あられのごとく飛び交った。ときに「糞尿樽」までもが投げられ、職人の作った花火も武器に使われたという。こうしたねぶたにおける喧嘩は、ねぶた催行の組織となった町を単位として行われた。ねぷたの張り子人形を押し戴いて決戦する町人の様子は、竹森節堂画の「ねぷた喧嘩の図」に鮮やかに描かれている（図46）。

記録にも残るねぶたでの喧嘩・乱闘としては、一八八〇年頃（明治一〇年代）の上町組（茂森町・在府町・本町他）と仲町（親方町・百石町《ひやっこくまち》他）・下町組（鷹匠町《たかじょうまち》・新町他）の喧嘩ねぷた、一八九二（明治二五）年八月一一日の「剣道場北辰堂《ほくしんどう》の襲撃事件」、大正期では、一九一八（大正七）年の茂森町・新寺町・馬屋町と松森町・植田町のねぷた喧嘩、一九二二（大正一一）年八月二六日の半鐘《はんしょう》事件などがある。

昭和期では一九三三（昭和八）年八月二四日、朝陽橋《あさひばし》（和徳町）での血戦など、いずれも死傷者を出すほどの乱闘が行われたが、この血戦をもってねぷた喧嘩は終焉したことと

図46　竹森節堂画「ねぷた喧嘩の図」。1966（昭和41）年作「ねぷた風物詩」より（弘前市立博物館蔵）

されている。

戦後、町を単位とする乱闘がなくなったとはいえ、現代でも「カラス跳《は》ね人《と》」と称する血気盛んな若者がねぶたに乱入してくる光景は珍しくはない。都市ではねぶたに限らず大勢の観光客が訪れ見物する中で、投石、喧嘩などに見物客が巻き込まれ、怪我人が出たりすることもしばしばある。

それに対して、アイドルグループの野外公演などは別として、劇場やコンサートホールで行われる演者と鑑賞者が截然と区分されているパフォーマンスでは、こうした秩序を乱す行為が行われることは稀である。

町村の住人のために生活空間で行われる、安寧《あんねい》を祈願する信仰と関わる集団による営みにおいてこのように共同体外の乱入者によって目的を逸脱する行為が引き起こされるのは、民俗的な祭礼ならではの現象といえるだろう。大都市祭礼では、運営のために警察や、松明など火を用いる行事では消防署の協力が要請されることも珍しくなく、死傷や交通の混乱などの事故が起こった際には行政の責任が問われることも少なくない。

こうした状況に対応し、事故のない安全な祭りを運営するための条例を定める自治体もある。二〇〇一（平成一三）年、青森県の「迷惑行為等防止条例案」、青森市の「青森ねぶた保存伝承条例」、同年、姫路市の「姫路市民等の安全と安心を推進する条例」などがこうした例である。

前近代から継承されてきた、共同体の祈願を目的とする祭礼や祭祀は、現代では楽しみを目的として訪れる観光客を集めるだけでなく、逸脱的な行動をとる人々をも引き寄せる。そうした状況も含めて、ゆるやかな社会統合の役割を果たしていると認めることができよう。都市において、そうした役割を果たせない祭り、すなわち暴走族やヤンキーの寄りつかない祭りは形骸化し、衰退してゆくことになるのかもしれない。

†終章結び

「民俗」を話題にするとき、風土と深く関わる生活の独自性が強調されがちである。たしかに、日本各地それぞれの生活や生業と深く関わりを持った日本文化としての民俗の独自性は大きい。しかしながらそうした特質が、しばしば日本列島にもとから「あった」、すなわちその基層的な信仰が、地域から生み出されて発展したと説明されることには違和感を覚える。

数千年の歴史を有する稲はもとより、サツマイモ、ジャガイモ、砂糖など、また衣服でいえば、現在、生活の中で広く使われている木綿は、江戸時代でさえも全国には普及していなかった。一般庶民にとっては、中世後期に中国・朝鮮半島から輸入された特別な高級素材であった。特に東北を拠点とした奥筋廻船《おくすじかいせん》によって関東から東北へと届けられた商品の一つとして木綿の古着は重要であった。「破縫《はぬ》い」と呼ばれるパッチワークや、幾何学模様の「刺し子」が東北で発達したのは、それが最初からすでに使い古したボロ布であったためであり、その補強の必要から生み出された地域の芸術なのである。

生活を成り立たせる作物を獲得する田畑には、古代以来、一〇〇〇年を超える継続的な開墾という大規模な土木工事が必要であった。燃料や建築資材を供給する山林も組織的な管理なくしては維持されなかった。

原風景のように語られる里や山だが、少なくとも人の目に届く範囲の光景は人々の労苦によって造られ、維持された、歴史的、社会的な所産なのである。そこに建つ神社や寺院は、生業や生活の祈りと深く関わり、そうした宗教、信仰のための構築物も重要な要素となって、日本の村や町、そして都市の景観を成り立たせている。

本書では、列島の外からもたらされたモノや、宗教・信仰を含む知識が、日本に移入されて以降どのように変容したかに注目し、民俗文化というものがいかに形成されたかを主眼として考えてきた。

「民俗」を対象、テーマとする研究の蓄積は膨大である。子ども向けの郷土の生活や文化を紹介したものを含め、リスト化するのが不可能なほど多くの一般書も刊行されている。

一方で、民俗研究を中心とするアカデミズムの世界では、民俗を、現代の伝承事象に限定して、戦後の高度経済成長など都市化のなかで消失してしまった伝承事象については、躊躇《ためら》うことなく研究対象の視野の外に置く研究者も少なくない。しかしながら本書においては、民俗文化の歴史的な重層性を重視した。日本列島が世界の中に置かれた古代から現代に及ぶ、各時代の状況や対外的な関係に注目してそれぞれの時代の宗教や信仰について考え、現代に伝承されているあり方や意義について考えてきた。

「民俗」というときには、日本の独自性や風土が強調されがちであるが、そうした独自性が、列島にもとから「あったもの」からのみ生み出されたわけではなく、宗教、音楽、舞踊などの無形の知識や文化と、食物や素材、道具などのモノの多くが外国から移入され、それらと結びついた生産や宗教・信仰とも密接に結びついた生活が、むしろ風土を形成してきた側面、すなわちそれらが歴史的な所産であること、さらにそれらが現代に伝えられている様相と意義を考えることを本書の目的とした。

あとがき

「はじめに」で、上越が私の母の故郷と述べたが、実は母の生まれは東京で、三歳のときに上越に家族で疎開したのであった。疎開者のほとんどがそうであったように生活は貧しく苦しかったが、東京で空襲警報が鳴る恐ろしさに膝が震えたことは忘れられず、それを思えば疎開先での生活の方がまだよかったという。

母は六人兄弟姉妹の末娘で、母（私の祖母）とともに兄弟姉妹が助け合いつつ生計を立てた（父親は母が小学生のときに他界した）。やがて家と田畑を持ち、村の浄土真宗の寺を檀那として先祖の墓を立てたが、生活にゆとりができたわけではなかった。決して豊かではない生活のなかで、盆の棚経や法事における布施に加えて、各檀家には寺への寄付がしばしば求められたという。真宗の開祖親鸞聖人であったら、自分のような貧しい家に寄付を求めることなどするだろうかと、実家の叔父は憤って住職に抗議し、寄付を拒否した。

「布施」という言葉は文字通り、僧侶の衣とするために布を差し上げることを意味し、本来、信徒が信心より自発的にするものである。僧侶の袈裟《けさ》には、パッチワークのようにデザインされているものもあるが、元々は信徒が施した布を継ぎ合わせて作ったことに始まり、長い歴史の中で美的にデザイン化されていった。このように、葬儀や先祖祭祀に対する僧侶への供養として、信徒から与えられる布や米が本来のお布施なのである。そうしたあり方は、現在でも禅宗寺院での厳しい托鉢《たくはつ》修行に見ることができる。

しかしながら、江戸幕府による全国にわたる寺請《てらうけ》制度は、地域における檀那寺の地位を優位にし、私の叔父が苦労したように、葬儀や法事における布施のみでなく、堂舎や境内の改修などを名目として、檀家にしばしば経済的な負担を求めてきたのであった。

現在、こうした仏教国日本のあり方が社会の急激な変化により揺らいでいる。地方から都市部にまで及ぶ少子化により、多くの町村が過疎化、限界集落化し、少ない戸数で檀那寺やその住職家族を支えることが困難となっているのである。

少子化により、生まれ育った土地から離れて働く子どもが実家に戻らず、檀那寺の墓を継承しないケースも稀ではない。そうした場合、檀家をやめる「離檀」の手続きをすることになるが、数十万円からときに一〇〇万円を超える離檀料を寺から請求されることもあるといい、社会問題にまでなっている。また、自身の死とどのように向き合い、それを迎えるべきか、「終活」なる言葉まで生まれている。

その一方、仕事や結婚により実家から離れた場所に住む人、海外での就業者など、墓参のための帰省が困難な人々が増大する中で、ネット上にバーチャルな墓を設置する新たなサーヴィスも現れている。墓には故人のプロフィールなどの情報を登録することができ、盆や彼岸にパソコンやスマートフォンからアクセスし、画面内の墓に花や供物、線香を供えたり、読経を捧げたりできるシステムが作られている。このように、檀那・檀家制度の維持が困難になった現在でも、多くの日本人が葬儀や法事などの先祖祭祀を仏教式で行っている。その意味で、仏教国日本の歴史は続いているのである。

私は、大学での宗教・信仰をテーマとする講義で、看護師をしている一人の社会人学生を教えたことがある。彼女は、神も仏もいないと公言していた重篤な患者が、夜間病室で一心に念仏を唱えているのを目撃したのを忘れられないという。

檀家・檀那制度は、村落の共同体の中で、寺院の優位性や、互いの同調圧力によって機能してきた面が強い。地域の寺院を檀家が支えるといったあり方は、少子化が進む中で揺らぎ、寺院が減少している。今後も祀り手のない無縁の墓が激増していくことだろう。無縁になった墓石やその下に眠る遺骨をどのように扱うべきか、すでに大きな社会問題となっている。

しかしながら、こうした状況は、仏教をはじめとする宗教の衰退や、その必要性の減退を示しているわけではない。誰もが必ず迎えることになる臨終に際して、死後の世界や、自分の死後も続く世界について思いを巡らすことがなくなるとは考え難い。そうしたことがなくならない限り、宗教や信仰は必要とされ続けるであろう。

長崎・神戸・横浜に中華街を形成する華僑は、関帝や媽祖を祭祀する廟を共同祭祀する町を形成し、中国式の土葬の公共霊園も持っている。その一方、共同体を形成するほどではない外国人労働者にとっては、慣れない外国での生活の中での精神的な支柱として、信仰が重要な役割を果たしているようである。

例えば、フィリピンから来日して飲食業での仕事に従事する女性たちの多くが、日曜日の午前中にはカトリックの教会に礼拝に訪れ、午後には、故郷の食べ物を作り飲食して歓談するなど、キリスト教やその教会が日本での拠りどころとなっている。これは、京都の華僑の調査で教えてもらったことで、日本において外国人同士の国を超えたつながりがあるようである。

不寛容な原理主義や、個人の財産や生命までをも脅かす急進的で反社会的な宗教には警戒しなくてはならない。しかしながら、正月・盆やクリスマスなど、飲食や贈答、プレゼントの交換をともなう行事をその時節に行わなければ何となく落ち着かないのは、民俗としての宗教や信仰が現代社会において、人と人とのつながりを確認し絆《きずな》を深めるために、なお大きな役割を果たしていることを示していよう。

本書では、日本の民俗的な信仰が、日本の風土や精神性から自ずと形成されたわけではなく、古代より海外との関わりの中で、ときに国難を乗り越えるための政策として制度化され、寺院や神社といった宗教施設のみならず、自然や村落の景観を形成する上でも大きな役割を果たしたことを主眼とし、それが現在にどのように継承されているかについて考えてきた。

現実世界における宗教や信仰を考えることは、観念的な教義の理解に目を向けるだけでなく、社会での人と人との関係性や、宗教や信仰が一定の役割を担う社会や環境そのものを考えることでもある。

インターネットによって、個人レベルでの国を超えたリアルタイムでの交流が可能となる一方、国家による個人への監視が強化されつつある。また少子高齢化は、日本のみならず先進国共通の社会問題となっている。さらにヨーロッパをはじめ、難民・移民が社会に溶け込むのが難しいのは、宗教や信仰、あるいはそれに基づく慣習についての相互理解が容易ではないということも要因であろう。

諸文化の中で、人々の生死と関わることの多い宗教や信仰は、程度の差はあれ、家族や地域によって共有されることにより継承され、持続し、長い時間の中で歴史的所産となって伝統となる。民俗的な宗教や信仰は、音楽、舞踊とも親和性の強い儀礼によって、祈願などの営みを行う点に大きな特徴がある。そうした文化のあり方にも注視して、社会の変化とともに変容しつつ継承されてゆくであろう宗教や信仰に今後も注目していきたい。

なお本書は、二十代の頃より親交の続く、上島享《うえじますすむ》氏（京都大学教授）からの筑摩書房への推輓により、新書としての刊行が実現したものである。これまでの私の研究蓄積を踏まえ、ちくま新書として刊行する方向で永田士郎氏との相談はまとまったものの、永田氏からは一般向けの書として、構成・内容はもとより、文章にも多くの要望と助言をいただいた。数年をかけて各章ごとに数度の修正、改訂を行い、編集を永田氏より引き継いでいただいた山本拓氏の協力を得て形にすることができた。本書の刊行という貴重な機会を賜った筑摩書房と、永田士郎氏（現・ちくま文庫編集長）、一書として完成していただいた編集部山本拓氏、及び学兄上島享氏には、記して深謝申し上げたい。

参考文献

ペドゥロ・デ・アルカソヴァ「一五五四年、ペドゥロ・デ・アルカソヴァ修道士がゴアよりポルトガルのイエズス会修道士らに宛て書き送った書簡」（エーヴォラ版、第一巻、二三葉〜二八葉）、松田毅一監訳『十六・七世紀　イエズス会日本報告集』第Ⅲ期、一巻、一五四九年〜一五六一年、所収、同朋舎出版、一九九七年
荒見泰史「浄土五会念仏法事と八関斎、講経」荒川正晴・柴田幹夫編『シルクロードと近代日本の邂逅』勉誠出版、二〇一六年
上島享『日本中世社会の形成と王権』名古屋大学出版会、二〇一〇年
大下英治『悲しき歌姫――藤圭子と宇多田ヒカルの宿痾』イースト・プレス、二〇一三年
岡田荘司『大嘗祭と古代の祭祀』吉川弘文館、二〇一九年
倉林正次『饗宴の研究（歳事編）』桜楓社、一九八七年
栗原弘「藤原道長　家族の葬送について」『名古屋文理大学紀要』第五号、二〇〇五年
フェルナン・ゲレイロ編『イエズス会年報集』第一部第二巻「一五九九〜一六〇一年、日本諸国記」第一六章「志岐と天草の島々のキリシタン宗団について」（松田毅一監訳『十六・七世紀

イエズス会日本報告集』第Ⅰ期、三巻（一五九七〜一六〇一年）、同朋舎出版、一九八八年
古賀康士「西海捕鯨業における地域と金融――幕末期壱岐・鯨組小納屋の会計分析を中心に」『九州大学総合研究博物館研究報告』第八巻、二〇一〇年
國學院大學院友会編『大嘗祭を考える』桜楓社、一九九〇年
小松正之『歴史と文化探訪 日本人とくじら――尾張、伊勢・志摩、熊野、紀州、摂津・播磨、瀬戸内、土佐』ごま書房、二〇〇七年
秀城哲「明の一六世紀『嘉靖大倭寇』を構成する諸勢力について」『千葉大学社会文化科学研究』第八巻、二〇〇四年
末田智樹「西海捕鯨業地域における益冨又左衛門組の拡大過程」『国際常民文化研究叢書』第二巻「日本列島周辺海域における水産史に関する総合的研究」二〇一三年三月
鈴木靖民「遣隋使と礼制・仏教――推古朝の王権イデオロギー」『国立歴史民俗博物館研究報告』第一五二集、二〇〇九年三月
中山千代「南蛮風俗の伝播形態」、立正女子大学短期大学部『研究紀要』第一六号、一九七二年一二月
西村玲『近世仏教論』法蔵館、二〇一八年
狭間芳樹「近世日本におけるキリスト教の土着化とキリシタンの殉教」『アジア・キリスト教・多元性 現代キリスト教思想研究会』第五号、二〇〇七年三月
平木康平「媽祖と観音――中国母神の研究（二）」『大阪府立大学紀要（人文・社会科学）』三二、

一九八四年三月
深瀬公一郎「唐人屋敷設置期の唐寺と媽祖」『長崎歴史文化博物館 研究紀要』第四号、二〇〇九年一二月
福原敏男『祭礼文化史の研究』法政大学出版局、一九九五年
藤森馨『平安時代の宮廷祭祀と神祇官人』大明堂、二〇〇〇年
古野清人『古野清人著作集5 キリシタニズムの比較研究』三一書房、一九七三年
洪潤植（ホン・ユンシク）「東アジア仏教における韓国仏教の位相」『早稲田大学 総合人文科学研究センター研究誌（WASEDA RILAS JOURNAL）』第三号、二〇一五年一〇月
本間章子『小林ハル――盲目の旅人』求龍堂、二〇〇一年
松浦章「清代沿海帆船に搭乗した日本漂流民」関西学院大学『或問』第一一号、二〇〇六年
松尾恒一「神社廻廊の祭儀と信仰―春日社御廊を中心として―」薗田稔・福原敏男編『祭礼と芸能の文化史』思文閣出版、二〇〇三年
松尾恒一「戦後の在日華僑文化の一考察――伝統の観光利用と国際関係における変容」『国立歴史民俗博物館研究報告』第二〇五号、二〇一七年三月
松尾恒一「鎮護国家の仏教の儀礼と芸能――迦陵頻伽の飛翔、浄土の美声」福田晃編『唱導文学研究』第一一集、三弥井書店、二〇一七年六月
松尾恒一「中世後期、東シナ海をめぐる海盗・海商と媽祖信仰――明代後期、倭寇から鄭成功まで」『儀礼文化紀要』、二〇一八年三月

松竹秀雄「徳川時代の長崎警備と正保四年（一六四七）のポルトガル使節船事件」『経営と経済』六九（四）、一九九〇年三月
水上勉『はなれ瞽女おりん』新潮社、一九七五年
宮崎賢太郎『カクレキリシタンの信仰世界』東京大学出版会、一九九六年
宮崎賢太郎「日本人のキリスト教受容とその理解」『日本人はキリスト教をどのように受容したか』国際日本文化研究センター、一九九八年
宮崎賢太郎『カクレキリシタン』長崎新聞社、二〇〇二年
森弘子・宮崎克則「西海捕鯨絵巻の特徴――紀州地方の捕鯨絵巻との比較から」『西南学院大学国際文化論集』第二六巻二号、二〇一二年三月
山本崇「御斎会とその舗設――大極殿院仏事考」『奈良文化財研究所紀要』二〇〇四年
横尾実「弘前の都市構造への歴史的制約」『東北地理』三九、一九八七年
吉田一彦『日本古代社会と仏教』吉川弘文館、一九九五年
吉田一彦『仏教伝来の研究』吉川弘文館、二〇一二年

ちくま新書
1450

日本《にほん》の民俗宗教《みんぞくしゅうきょう》

二〇一九年一一月一〇日　第一刷発行

著者　松尾恒一（まつお・こういち）

発行者　喜入冬子

発行所　株式会社　筑摩書房
東京都台東区蔵前二-五-三　郵便番号一一一-八七五五
電話番号〇三-五六八七-二六〇一（代表）

装幀者　間村俊一

印刷・製本　三松堂印刷　株式会社

ISBN978-4-480-07260-3 C0239

ちくま新書

1325 神道・儒教・仏教 ——江戸思想史のなかの三教 森和也

江戸の思想を支配していた神道・儒教・仏教にこそ、現代人の思考の原風景がある。これら三教が交錯しつつ形作っていた豊かな思想の世界を丹念に読み解く野心作。

085 日本人はなぜ無宗教なのか 阿満利麿

日本人には神仏とともに生きた長い伝統がある。それなのになぜ現代人は無宗教を標榜し、特定宗派を怖れるのだろうか？ あらためて宗教の意味を問いなおす。

744 宗教学の名著30 島薗進

哲学、歴史学、文学、社会学、心理学など多領域から宗教理解、理論の諸成果を取り上げ、現代における宗教的なものの意味を問う。深い人間理解へ誘うブックガイド。

1201 入門 近代仏教思想 碧海寿広

近代日本の思想は、西洋哲学と仏教の出会いの中に生まれた。井上円了、清沢満之、近角常観、暁烏敏、倉田百三らの思考を掘り起こし、その深く広い影響を解明する。

1330 神道入門 ——民俗伝承学から日本文化を読む 新谷尚紀

神道とは何か。古代の神祇祭祀に仏教・陰陽道・道教など多様な霊験信仰を混淆しつつ、国家神道を経て今日の形に至るまで。その中核をなす伝承文化と変遷を解く。

1424 キリスト教と日本人 ——宣教史から信仰の本質を問う 石川明人

日本人の99％はなぜキリスト教を信じないのか？ 宣教師たちの言動や、日本人のキリスト教に対する複雑な眼差しを糸口に宗教についての固定観念を問い直す。

956 キリスト教の真実 ——西洋近代をもたらした宗教思想 竹下節子

ギリシャ思想とキリスト教の関係を検討し、近代ヨーロッパが覚醒する歴史を辿る。キリスト教という合せ鏡をとおして、現代世界の設計思想を読み解く探究の書。

ちくま新書

1019 近代中国史 岡本隆司
中国とは何か？　その原理を解く鍵は、近代史に隠されている。グローバル経済の奔流が渦巻きはじめた時代から、激動の歴史を構造的にとらえなおす。

660 仏教と日本人 阿満利麿
日本の精神風土のもと、伝来した仏教はどのように変質し血肉化されたのか。日本人は仏教に出逢い何を学んだのか。文化の根底に流れる民族的心性を見定める試み。

916 葬儀と日本人 ――位牌の比較宗教史 菊地章太
葬儀の原型は古代中国でつくられた。以来二千数百年、儒教・道教・仏教が混淆し、「先祖を祀る」という感情に収斂していく。位牌と葬儀の歴史を辿り、死生観を考える。

936 神も仏も大好きな日本人 島田裕巳
日本人はなぜ、無宗教と思いこんでいるのか？　神道と仏教がどのように融合し、分離されたか、その歴史をたどることで、日本人の隠された宗教観をあぶり出す。

601 法隆寺の謎を解く 武澤秀一
世界最古の木造建築物として有名な法隆寺は、創建・再建の動機を始め多くの謎に包まれている。その構造から古代史を読みとく、空間の出来事による「日本」発見。

618 百姓から見た戦国大名 黒田基樹
生存のために武器を持つ百姓。領内の安定に配慮する大名。乱世に生きた武将と庶民のパワーバランスとは――。戦国時代の権力構造と社会システムをとらえなおす。

650 未完の明治維新 坂野潤治
明治維新は〈富国・強兵・立憲主義・議会論〉の四つの目標が交錯した「武士の革命」だった。それは、どう実現されたのだろうか。史料で読みとく明治維新の新たな実像。

ちくま新書

713 縄文の思考 小林達雄
土器や土偶のデザイン、環状列石などの記念物は、縄文人の豊かな精神世界を語って余りある。著者自身の半世紀近い実証研究にもとづく、縄文考古学の到達点。

859 倭人伝を読みなおす 森浩一
開けた都市、文字の使用、大陸の情勢に機敏に反応する外交。――古代史の一級資料「倭人伝」を正確に読みとき、当時の活気あふれる倭の姿を浮き彫りにする。

957 宮中からみる日本近代史 茶谷誠一
戦前の「宮中」は国家の運営について大きな力を持っていた。各国家機関の思惑から織りなされる政策決定を見直し、大日本帝国のシステムと軌跡を明快に示す。

1161 皇室一五〇年史 浅見雅男 岩井克己
歴代天皇を悩ませていたのは何だったのか。皇位継承、宮家消滅、結婚トラブル、財政問題――様々な確執やスキャンダルを交え、近現代の皇室の真の姿を描き出す。

1257 武士道の精神史 笠谷和比古
侍としての勇猛な行動を規定した「武士道」だが、徳川時代に内面的な倫理観へと変容し、一般庶民の生活にまで広く影響を及ぼした。その豊かな実態の歴史に迫る。

1271 天皇の戦争宝庫――知られざる皇居の靖国「御府」 井上亮
御府と呼ばれた五つの施設は「皇居の靖国」といえる。しかし、戦後その存在は封印されてしまった。皇居に残された最後の禁忌を描き出す歴史ルポルタージュ。

064 民俗学への招待 宮田登
なぜ私たちは正月に門松をたて雑煮を食べ、晴着を着るのだろうか。柳田国男、南方熊楠、折口信夫などの民俗学研究の成果を軸に、日本人の文化の深層と謎に迫る。